JN012221

実践力人材を育てる！

# 永守重信の人材革命

日経トレンディ編

日経BP

# 永守重信の人材革命

実践力人材を育てる！

# はじめに

〝Ｆランク〟とレッテルを張られた組織をどう変えたのか。社会や企業で活躍する若者を育てるために何が必要か――。本書は、日本電産を1代で世界トップの総合モーターメーカーに育て上げた経営者、永守重信氏が50年計画で挑む大学改革から、組織改革・人材育成の本質を探り出したものです。大学改革というと、ビジネスの現場からは遠い話のように思えるかもしれませんが、その過程には永守イズムが凝縮され、組織の中で自分がどう動くべきか、組織を変えるにはどうすべきかなど、ビジネスパーソンが社会を生き抜いていくための大きなヒントがありました。

日本有数のカリスマ経営者である永守氏が、なぜ大学改革に乗り出したのか。その点に疑問を持つ人も多いはずです。しかし、日本の現状を、そしてこれからの日本の未来を本気で憂える同氏だからこそ、大学に関わるのは必然だったと言えます。

日本の国際競争力の低下は、さまざまな指標に表れています。スイスのビジネススクールＩＭＤが出した２０２０年版の世界競争力ランキングでは、日本の順位は34位。19年の30位からさらに後退し、過去最低となりました。教育分野に関しても同様です。

英国の高等教育専門誌「THE（タイムズ・ハイアー・エデュケーション）」が公開した20年版の「THE世界大学ランキング」では、トップ２００に入るのは東京大学と京都大学の2校のみ。アジアの各国・地域が躍進する一方で、日本の存在感は相対的に下がっています。当然、これらの指標だけで、日本全体の低迷を決定付けるものではありません。ですが、50年近くにもわたって経営の現場に立ち続け、世界を舞台に名だたる企業と戦ってきた永守氏が、この日本の現状に危機感を持っているのは紛れもない真実でしょう。その永守氏が今、人材育成の方法を根本から変えなければと本気で動き始めました。

改革の舞台は、京都市内に本部を置く「京都先端科学大学」。19年3月までは京都学園大学という名称で、受験界では偏差値が低く〝Fランク〟と呼ばれていました。永守氏が改革前に同大学を訪れた際、講義中に学生が寝ていたり、私語をしていたりする姿が多く見られたそうです。教員はそれを注意しないどころか、学生のレベルが低いからとうそぶく者すらいたと言います。学生を負け組と決めつけ、そして自分までもが負け組となっていた。大学組織には、〝三流〟の意識がまん延していました。

その状態からわずか2年、永守氏は私費１３０億円以上を投じたうえに、理事長として自ら大学に足しげく通い、改革を断行。「どこか緩かった」と内部の人間が語る大学組織は、「情熱、熱意、執念」「知的ハードワーキング」「すぐやる、必ずやる、出来るまでやる」といった日本電産の三大精神に代表される永守イズムを注入され、驚くべき変貌を遂げつつあります。

「大学は企業とは違う。多数のM&Aを成功させてきた永守氏でもうまくいかない」との声も改革当初は少なくありませんでした。しかし、既に結果も出ています。運営組織には改革の熱を感じ取った数多くのプロ人材が集まり、世界各国から実力のある研究者が教員として参画。定員割れの状態も長かった同大学は、今や応募者が永守改革前の2倍になるほど人気を集めています。

永守氏に関する書籍は多数あります。本書でも、永守氏自身の著書から「金言」を引用しています。時代が大きく変化する中でも色あせない本質的な言葉の数々であり、今こそ心に留めたいメッセージだからです。本書では、永守氏に改革の真意を直接聞いたのと同時に、永守氏の意思を受け継いだ5人の改革の実行者たちにも取材を行いました。永守氏の思いやイズムに加え、それを受け取った側がどう感じ、どのようにそしゃくし、そして具体的な改革プランに落とし込んでいったのか。この両面から永守氏の組織論、人材育成論に迫った書籍となっています。

序章では、永守氏が経営者として今の日本の現状をどう考え、何を感じているのか、そして1章では、永守流の組織改革、人材育成論を本人の言葉から改めてひもときます。続く2章では、改革の実行者たちのルポから、永守イズムがどのように〝負け組〟組織を変革し、人材育成の仕組みをつくり上げていったのかを明らかにします。3章では再び、永守イズムの本質ともいえる意識改革に迫り、4章ではその意識改革が現場にどう影響を与えたのか、2人の実行者の話から探ります。終章では、永守氏の夢、50年にもわたる大学改革の全貌をお見せする構成にしました。

本書は、大学改革を追った書籍であると同時に、永守氏の組織論、人材育成論を学べる書籍です。そして、カリスマ経営者の人間像に迫った書籍でもあります。会社という組織の中で自分がどう動き、人を動かすために何をすべきか。そして、これから世界で戦っていくうえで必要な人材とは何か、若者にどう接するべきかといった視点でもビジネスパーソンに役立つと考えています。これからの日本で、いや世界で戦っていくためには、既存の概念は役に立たなくなっていることを永守氏は示し続けています。本書が、世界で戦い、勝つためのヒントに少しでもなれば幸いです。

Contents

# 序章

# 「人材がいない!
# このままでは日本は
# ダメになる」

# カリスマ経営者・永守重信氏が感じた「危機感」

永守重信氏
1944年京都府生まれ。73年に28歳で日本電産を創業し、1代で世界一の総合モーターメーカーに育て上げた。2018年3月、学校法人京都学園理事長に就任。19年4月から法人名変更に伴い、学校法人永守学園理事長。日本電産会長兼CEO（最高経営責任者）を兼務する

# 50年にわたる人材育成から分かった1つのこと

## 「『IQの高さ＝尊敬』の時代はとうに終わっている。頭が良いから社会で成功できるとは限らない」

日本電産を28歳で創業し、今や1兆5000億円超の売上高（2020年3月期）を誇る世界一の総合モーターメーカーに成長させた会長兼CEO（最高経営責任者）の永守重信氏は、50年近くにもわたる経営の経験からこう語る。

「1973年に私と3人の社員で創業したが、皆いわゆるいい大学の出ではなかった。47年が経った今では、創業メンバーは大幹部になっている。創業後しばらくは採用の募集をかけてもほとんど人が集まらず、来たとしても偏差値の低い大学の学生ばかり。そのような若者を徹底的に鍛え上げ、成長をしてきた」（永守氏）

この「世間の評価では〝三流〟と呼ばれる人材を一流に育て上げる」という徹底した人材育成が、永守流経営の神髄だ。

さらに、日本電産の成長の原動力となってきたのは、M&Aである。経営が悪化して破綻寸前になった企業や技術を補完できる企業を次々と傘下に収め、飛躍的な成長を遂げた。カルチャーや考え方の異なる社員たちもいる中、一つ間違えれば〝烏合の衆〟にもなりかねない。だが、永守氏は志を共有し、人心を掌握し、人材を育て上げることで強い組織をつくり出してきた。

その人材育成の達士、永守氏が今、「人」の育成に危機感を抱いている。

**「日本が今、閉塞感に陥っているのは、自分から動く人間、リーダーがいないから。今の子供は小さい頃から塾に行かされて、知識を詰め込むことに重きを置いている。大人の言う通りに行動したら成績が上がっていい大学に行ける。そしていい会社に入れる。ただし、会社では上司の指示を受けて仕事をこなすだけ。そんなことをしているから、熱量のある、自分で動ける人間がいなくなっている。立派な大学を卒業してきたという理由だけで重宝するのはやめるべきだ」**

永守氏は続ける。

「実際、ある国内有数の電機メーカーや外資系コンピューター関連会社、有名飲料メーカーのトップなどは一流ではないとされる大学の出身だが、成功を収めている。大学なんて社会に出たら関係ないんですよ」（永守氏）

## 自分で動ける人間こそ、強い!

永守氏の人材論を端的に表現するのが、日本電産の三大精神だ。**「情熱、熱意、執念」「知的ハードワーキング」「すぐやる、必ずやる、出来るまでやる」**。ここからも分かるように、永守氏自身と同じ、「ガンバリズム」を持った人間を求めている。

一見すると、旧来の体育会系的な根性論・精神論のように感じてしまいがちだが、そうではない。例えば、単なる「ハードワーキング」ではなく、「知的」という表現を永守氏は使う。これは、ただがむしゃらに長時間働くことではなく、世の中の変化に機敏に対応し、自ら変革し、生産性を高めるために創意工夫をあまねく社員に求めるものである。

永守氏も時代の変化を捉え、組織を柔軟に変革してきた。

「2020年度までに残業をゼロにする」。16年秋、永守氏はこう宣言した。1973年の創業以来、「人の倍働く」姿勢で成長を加速させてきた日本電産が、働き方改革に全力で取り組む姿勢を打ち出した。永守氏自身も、変化の姿勢を示すために、積極的に取り組む。それからわずか1年半弱で、同社の残業時間は半減したという。

さらに、ここにきての新型コロナウイルスの感染拡大による社会情勢の変化。永守氏は「コロナ（禍）が終わったときには、世界の景色はガラリと変わる」と社員に説明する。テレワークの推進に加え、それに伴う組織運営方法や人事制度の刷新など、新たな仕組みづくりに奔走する。従来から生産性を高めることの重要性を説く永守氏だが、指示を受けなくても前倒しで動き、短時間で仕事を終えられる人材が求められ、評価される時代になると指摘する。

## 社会全体で人材育成に取り組むべき

当然、永守氏は日本電産において、自分から動けるガンバリズム人材を採用し、育成する仕組みをつくり上げてきた。創業の頃から、「大手と同じことをしていては勝てない」と、人材の採用も育成も独自の方法を模索。極めてユニークなチャレンジを繰り返してきた。創業当時には「大声試験」「早飯試験」「マラソン試験」など、他社にはない採用方法をいろいろと試みた。誰よりも人材採用・育成に腐心し、力を注ぎ、苦労し、そして成功してきたのが永守氏だ。

その人物が今、自社だけでは補いきれない人材育成の必要性、つまり社会全体での人材教育の重要性を説く。

そもそも日本は人口減少社会に突入しており、人材不足は極めて深刻だ。さらに、グローバル化が加速し、世界で戦える人材がこれまで以上に必要になっている。「採用する側として、何十年も若者を見てきた。社会で必要な人間、これから必要になる人間、全部分かっている。もう会社の中だけで解決できる問題ではない」と永守氏は憤る。

そして、「仕組みがないなら自分でつくるしかない」と乗り出したのが、大学の経営だ。

## 大学も社会に必要な人材を育成すべき!

「(資産を)全部使い切ってもよい。次の改革は教育だ」。

2017年3月、永守氏は100億円以上もの私財を投じて、京都学園大学(現・京都先端科学大学)の経営を引き継ぐ計画を公表。冒頭の言葉は、発表記者会見後に、永守氏が記者団に語った言葉だ。以前から永守氏は、医療と教育の2つの領域に重点的に寄付を通じた支援を行っている。医療分野では、14年に約70億円の私財を投じて、京都府立医科大学の敷地内に設置するがん治療のための陽子線治療施設を寄付すると表明。そしていよいよ、教育分野の支援に本格的に乗り出した。冒頭の言葉からも分かるように、大学を含めた教育改革はまさに、永守氏がこれから全力を尽くしていく、大仕事として命を懸けるものだ。

「大学をつくるのが夢だった。他国と比べて日本の大学は即戦力となる人材を出せていない。企業や社会が求める人材を育てるには、金も口も出す」。日本経済の立て直しは教育から、永守氏はそんな思いでエネルギーを注ぐ。

**「大学は今まで、企業や社会のことを考えずに人を送り出してきた。私たち会社は、売れるものを開発しなかったら成り立たない。お客さんのことを一生懸命考えてつくるのが当たり前。大学も同じであるべきだ」（永守氏）**。

日本電産にとって、モータについて学んだ学生が必要となるが、「学生は、もうハードの時代ではないなどと言って、はやりのＡＩ（人工知能）といった華やかな業界に行ってしまう。でも、ソフトだけでは何も動かせない。スマートフォンにだってモータが入っている。さらに、世界中を走る自動車は近い将来、そのすべてが電気自動車に置き換わっていく」(永守氏)。さらに永守氏は、2050年の世界についてこう語る。「人口は100億人になる。そのときロボットは500億台稼働しており、工場は全自動になる。さらに、物を運ぶのは全部ドローンだ。そうなった場合に、どれくらいのモータが必要になるかと計算したら、天文学的数字になった。では、そのときに誰がモータを設計して、誰が教育するんだと。それを思ったら、これは早くやらないとダメだと悟った」。

そんな永守氏の思いとは裏腹に、日本の大学でモータの先端技術を専門的に学べる学部学科は、今や絶滅の危機にある。「モータを学んだ人は、500人採用したとしても1人か2人いるかどうか。そこで結局、社内に『モータカレッジ』を設立し、入社後に半年から1年かけて、一から教えている。それでは世界と戦えない」。業を煮やした永守氏が、大学をつくることを構想に入れるのは必然だった。

## 問題の根源は、知識偏重、偏差値偏重にあり！

技術者不足は深刻だが、永守氏がより根本的で致命的な問題として挙げるのが、偏差値教育の弊害だ。

「一生懸命に座学をして、勉強漬けになって、塾で受験テクニックをたたき込まれて……。それでいい大学に入ったからといって、企業で戦力になるわけではない。偏差値が高い大学の学生を採用しても、英語が全然話せない。経営学部を卒業したのに決算書の一つも読めない。理工学部出身なのにモータの基礎が分からない。それだけでなく、しっかりとした挨拶すらできない新卒社員は珍しくない」と永守氏は語る。

この状況に対し、永守氏は実体験からこうも続ける。「一流と呼ばれるようなブランド大学から採用しても、状況はそれほど変わらない」。

偏差値が高いというのは、どういうことか。「暗記とテクニックに秀でているだけ」と永守氏は言い切る。「今、トップクラスの大学に入ろう思ったら、低所得層では入れない。なぜかと言うと、予備校や家庭教師が受験のテクニックを教えるわけだから。経済的に塾に行けない人ははじかれてしまう」（永守氏）。

## 永守氏が「教育」に心を砕くわけ

永守氏がこう語る背景には、自身の子供の頃の経験が関係している。永守氏は、早くに父親を亡くし、中学校を卒業したら働きに出るように家庭内では言われていた。だが、中学校の教師が、「永守君は勉強ができるから、せめて工業高校に行かせてあげてほしい」と、永守氏の長兄を何度も説得。その結果、アルバイトをして学費を稼ぎながら、京都市立洛陽工業高等学校に通うことになる。卒業後は、今度こそ就職するようにという話だったが、再び担任教師が、「勉強がよくできるし、学費のいらない大学もあるから行ったらどうか」と背中を押す。最終的には、長兄は金がかからないのであれば好きにすればいいと折れ、職業訓練大学校（現・職業能力開発総合大学校）に進んだ。

裕福な家庭ではないどころか、貧しい家庭だった。もちろん、塾に行ける環境でもない。「受験のために詰め込み勉強をしたこともないし、浪人もしていない。国のお金を使って勉強し、社会に出られた」と、永守氏は振り返る。だからこそ、永守氏は恵まれた環境でただ知識やテクニックだけを磨くことが教育ではないと言い切る。

**「いい教育に巡り合えたら、人は変わります。貧しい家庭だから、一流大学に行けなかったから、そんなことは人生に関係ない。松下幸之助や本田宗一郎を見てみなさいと私の母は言った。貧乏人は生涯貧乏か。そんなことはない。米国にはアメリカンドリームがある。私だって、つい47年前に自宅で従業員3人とつくった会社が、ここまで大きくなったんだから」（永守氏）。**

だからこそ、永守氏はこう語る。「今から卒業して社会に出る学生は、もう人生100年世代です。残り80年以上もある若者に対して、早い段階で『君はこっち』と選別するなんて、絶対間違っている」。永守氏は若者の可能性を誰よりも信じている。

## ブランド主義が「無気力」な人間を生む

もう1つ永守氏が指摘する問題が、有名大学信仰、まん延するブランド主義だ。**「今の学校や塾の進路指導を見ると、とりあえず有名大学のバッジを付けろといまだにやっている。例えば、学生が『有名大学の工学部に行きたい！』と言ったときに、教師が君の偏差値では受からないから農学部を受けたらどうかと促す。そして学生も妥**

京都先端科学大学（略称KUAS）は、京都市右京区に本部を置く。永守氏が理事長を務める永守学園が運営

**協する。やりたいことよりもブランドを第一に考える。これが日本の大学教育を歪ませている」（永守氏）**。指導者だけではなく、親、そして採用する企業側も同じマインドに染まっていると、永守氏は警鐘を鳴らす。

**「物事の成否はやる気で決まる！」**。これは永守氏が常に語っている持論だ。やりたくもない勉強や研究分野に進み、無気力にテクニックだけを持った人間が社会で通用するわけがない。事実、永守氏は過去7000人以上もの人材を採用してきて、そう痛感したという。だからこそ、偏差値優位、ブランド主義を打破するために、京都先端科学大学を改革し、新しい人材育成の形を示そうとしている。

次章からは、永守流の組織改革、人材育成に迫り、5人の実行者の証言から京都先端科学大学がいかにして変革に取り組んでいるのかを明らかにする。1章ではまず、永守氏の組織・人材に対する哲学をひもとこう。

# 1章

# 組織改革・人材育成

Part 1

# 永守流・勝てる組織のつくり方

## 永守流・トップの「在り方」

### トップは常に「大ぼら」を吹け！

**「夢を形にすること」**

経営とは何かと聞かれたら、永守氏はこう答える。

その夢を実現するため、永守氏は常に勝てる組織をつくり上げてきた。その組織づくりの第一歩として、常に実行することがある。それが、「**大ぼらを吹く**」こと。

ほらとは、大げさ、でたらめという意味だが、永守氏は日本電産が小規模の頃から、一見すると実現不可能とも思える壮大な夢を描き、社員を引っ張ってきた。

その原点ともいえるのが、1973年の創業当時の訓示。7月23日、真夏の暑い中、たった3人の社員が並ぶ前で永守氏は語りかけた。永守氏は当時28歳。永守氏のことはおろか、社名すら誰にも知られていない駆け出しながら、グローバル企業になると宣言をした。さらに、わずか10年後には京都で一番の場所に会社を置き、20年後には自社ビルをつくり、30年後には京都で一番高いビルを建てるとまで言い切った。社員は訓示が5、6分で終わると思っていたが、壮大な夢を語り続けること、何と1時間40分にもわたった。

永守氏はこのときのほらを有言実行している。創業10年後の83年には、本当に京都中心部の烏丸御池に本社を移転。20年後の93年には西京極に自社ビルを建て、30年後の2003年には、南区に京都で一番高いビル、「本社・中央開発技術研究所」をつくった。

ほらはそれだけではない。売上高100億円の1985年ごろには1000億円企業、1000億円に到達した98年ごろには1兆円企業、その後、2030年に10兆円企業になると宣言。「50年には、時価総額300兆円と言っている」（永守氏）。

**「ほらとウソは、全く違う。ウソはウソ。詐欺師みたいなものだ。でも、ほらは、できると信じてやれば絶対にできる。夢は必ず実現する」**。永守氏はそう繰り返す。

大学改革においても、ほらは健在だ。「偏差値教育を打破する」「2025年までに関関同立を抜く」「30年には世界ランキングで199位内。日本では東大、京大に次ぐ3位を目指す」……。近々の目標である小さなほらから、壮大な大ぼらまで、メッセージを発信し続けている。

## ほらはウソではない。だから人が付いてくる

なぜ、永守氏はほらを吹き続けるのか。

**「夢を語るのが経営者の役割。常に絶対できると信じていること、それはほらであってウソではない。だからこそ、人が付いてくる」**。それが永守氏の持論だ。**「会社の再建も大学の立て直しも一緒だ。最も重要なのは人心掌握」**（永守氏）。まず巨大な構想を打ち上げて、「大ぼら」と言われようが着実に進み、「中ぼら」「小ぼら」へ。そして、手の届きそうな目標にして最後は実現する――。永守氏はこれを愚直に

繰り返すことで、社内外へ希望を与え続け、人々の心をつかんできた。今回の京都先端科学大学の改革でも、この永守氏のほらに共感し、そして、多くの人がその熱に引き寄せられ、共に歩んでいる。

## ほらを吹くからには、成し遂げる覚悟を見せよ

「ほらは現実にならなければウソ、詐欺」。幾度となく永守氏はこう語る。そのために、トップは何が何でも実現するための覚悟がいる、永守氏はそれを示し続けている。

**「経営は頭じゃない。気概と執念です。やり抜く、そして、絶対に逃げない」**

「潰れかかった会社を何十社も再建してきた。学校も一緒。意識を変えて、夢を持った人を集めて一緒にやる。学生も夢を持っている。教員も持っている。職員も持っている。一番の問題はお金なんだから、お金は出す。その代わりきっちり口も出す」。金を出すから口も出す。これが永守流だ。

大学の学長や理事長に、経営者や銀行の元トップなどが就くことは珍しくない。熱意のある改革者もいるが、「名ばかりのことも多い」と永守氏は話す。「大きな金を出

して、怒って、議論をするのはとても大変なこと。本気じゃなければここまでできない。退職後の〝第2の人生〟としてお金だけもらうのとは訳が違う」（永守氏）。そもそも大手企業の現役会長兼CEOでありながら、ここまで大学経営に金と時間と手間をかける人間は他にはいない。既に私財130億円以上を投じ、「必要ならまだ出す」という姿勢からも、本気度がはっきりと伝わってくる。

## 後ろ向き組織の変え方

### 分身を送り込み、イズムを注ぎ込む

ほらを吹いて人心を掌握すると同時に、永守氏は少人数の幹部を改革請負人として組織内部に送り込む。

日本電産の成長の原動力となってきたのは、前述の通りM&Aである。1990年代以降、破綻寸前の企業を次々と買収し、立て直してきた。そこで取り組んだのが、明確な方向性を示し、夢と希望を抱かせて、苦境の中で後ろ向きになった社員の目線を上に向かせること。さらに、日本電産の徹底したコスト意識やイズムを浸透させて、再建軌道に乗せる。雇用は守り、リストラもしない。少人数を送り込むだけだ。

今回の大学改革でも、この組織改革の方法を生かし、送り込む人間を最小限にとどめている。

京都先端科学大学の改革でこの重要な役割を託されたのが、日本電産専務執行役員を務めた浜田忠章氏だ。長らく永守氏の下で組織運営に携わり、永守流改革を身を持

って体験し尽くしてきた人物である。16年の12月に永守氏から副理事長職を打診されると、そのわずか3カ月ほど後の翌年4月1日には、非常勤理事として大学入りをしている。「永守さんの現場代行として大学の現状を知り、そして考え方を伝えるために日参した」（浜田氏）。まさに、永守イズムを注ぎ込むための素地づくり、先遣隊としての役割を浜田氏が担ったのだ。浜田氏は1年にもわたってつぶさに大学組織の在り方を感じ取り、新たな組織の形を構想していった（62ページで詳説）。

## 同じベクトルを向く人間を発掘、そして集めよ！

永守氏が組織運営で大事にしていること、それは「**ベクトルを合わせること**」だ。日本電産は、給与の高さなどの金銭的メリットといった表層的な魅力で人を集めるのではなく、会社が掲げる理念や志に共鳴した人を集め、育てることを根本にしてきた。例えば、会社の理念や永守イズムを浸透させるために、永守氏のものの考え方や行動をまとめた「挑戦への道（The Challenging Road）」を、日本語を含めた12言語に翻訳して全世界に展開する他、国内外の事業所、グループ企業に至るまで、社内セミナーや講義を繰り返し、考え方を共有する。目先のメリットだけでつなぎ留められている人材は、より良い条件が提示されれば当然移っていく。だが、志を共有し、同じベクトルを向く人間は簡単には離れない。だからこそ、組織が強固になる。

大学の組織改革も同様だ。京都先端科学大学の新学長である前田正史氏は、永守氏の理念や志に共鳴した一人。前田氏は、東京大学生産技術研究所所長から東京大学理事・副学長を歴任後、日本電産生産技術研究所所長を務めた工学のエキスパートだが、その知見もさることながら、永守氏は大学に対して同じ課題感を共有していることを痛感し、学長への就任を依頼した。副理事長の浜田氏に加え、学長の前田氏という永守イズムの共鳴者が、大学の内部にイズムを浸透させていく。そうすることで、組織内でさらに共鳴者が増えていく。

## ビジョンの〝喧伝〟で、プロ人材を呼び込む

永守氏は、ほらや改革への思い、志を学外にも大きく喧伝している。メディアへの発表やさまざまな講演への参加など、忙しい時間を縫って精力的に動き回る。その狙い

は、世の中の変革を促すと同時に、外部の同じベクトルを持った人材を集めるためだ。

事実、永守氏が理事長に就任してからわずか2年、この間に京都先端科学大学の門をたたくビジネスパーソンは後を絶たない。

例えば、インターンシップセンター部長の池田仁美氏（186ページで詳説）もそうだ。池田氏は、新卒でシャープに入社し、海外事業本部や海外営業・海外商品企画部など海外畑でキャリアを積んできたが、永守氏の大学改革とその思いに共感。組織に加わった。他にも、大手企業のキャリアを捨てて飛び込んでくる人材は少なくない。

「志願兵がひっきりなしに来る。徴兵制ではない。今の学部長、例えば工学部長の田畑さんも、京大でまだ何年か任期が残っているにもかかわらず来てくれた。普通は退職金が減るなどと言って来ない人も多い。志に共感するということは、そういうことではないんです」（永守氏）。

その思いや志は、大学の教員にも伝播する。永守氏と工学部長の田畑氏が打ち出した新鋭工学部の斬新な方針（128ページで詳説）は世の中に大きな反響を巻き起こし、工学部の教員募集の際には、10人の募集枠に対して350人もの応募者が殺到した。志あるところに人は集まる。

# 任せて組織力を高める

## トップ、上司は「御用聞き」になれ！

永守流の組織改革で重要になるのが、「権限委譲」だ。大学の現場での〝永守代行〟ともいえる副理事長の浜田氏は、「永守理事長はいちいち細かくは言わない。大きな方針を打ち出し、任せる」と語る。また、学長の前田氏も、「工学部開設についても、『いい工学部をつくってほしい』と一言だけだった」と言う。一般論として、経営者、特に創業経営者は成功すればするほど、自身の経験を価値基準とし、他人のやることについつい口を出しがちだ。

だが、永守氏は思い切って権限を委譲し、「任せる」。さらに管理職に対しても、部下への権限の委譲を迫る。「任せて考えさせる」ことで、人を育て、そして組織を動かし、活性化させることを常としている。ただし、ここで永守氏が注意すべきと指摘するのが、「責任委譲」と勘違いしないこと。一般的に、権限委譲をすると同時に、責任まで放棄してしまう管理職が少なくないからだ。

「権限は渡しても責任を取るのが管理職の仕事」、永守氏はそう戒める。つまり、管理職は、権限を委譲した後も常に目をかけていなければならない。そこで永守氏は、トップや管理職などの要職に就くものは**「御用聞きになれ」**と語る。それがトップである自分の役割であるとも。

組織改革において、進行のスピードを遅らせている要因、問題の発生をいかに早く共有し、素早く対策を打てるかは極めて肝要だ。だからこそ、現場で起きている不満や異変がすぐに上がるようにしておかなければならない。部下が常に素早く報告をしてくる関係性を構築するのがベストだが、報告が来なければ、上司は自ら御用聞きとなって聞き取りに行く。これは組織の危機管理においても同様だ。報告を待っていては対応が遅れ、取り返しがつかなくなる場合もあり得る。これが、御用聞きが必要なゆえんである。

当然、永守氏は大学でも、自らが御用聞きとなることを徹底している。**「大学に行って全員を集合させて話をして、それで終わりでは意味がない。必ず質疑応答をする。少人数で昼食会をやり、何か困っていることはないかと皆に細かく聞く。テラスの机が古い、この設備の使い勝手が良くないなど、いっぱい出てきますよ。そういうこと**

**でいいんです。そんなことは即断即決。幹部の人間も一緒に座っているので、すぐに買いなさいと。予算も何もない。私が資金を出しているんだから」（永守氏）**。永守流の組織改革の圧倒的スピードは、この御用聞きがカギになっている。

永守氏は、教員にも御用聞きの役割を持つように促す。生徒の御用聞きであるべし、ということだ。「授業が分からないという生徒がいたら、それは教え方が良くないから。分からないと言ってきたら、質問に答えたり、残って教えたりするのが当然」（永守氏）という。何十年も前の教え方や知識をそのまま伝えて、それで教員の仕事が済むと思わないでほしいと、永守氏は常々伝えている。教員が教えたいことではなく、生徒が必要としていることを教える。まさにこの御用聞きになることが、授業の質を高めることにもつながっている。

Part 2
永守流・勝てる人材の育て方

## 永守流「一流の人材」とは
### これからの人材に必要な3つの「P」

永守氏は、社員に必要な要素として、３つの「P」が重要であると説く。日本電産の２０２０年４月の新入社員向けビデオメッセージでこう語っている。

「昨今のグローバル競争は非常に厳しい。特に中国企業の技術力・競争力が向上し、真っ向勝負の状態だ。**皆さんには3つのP（Proactive、Professional、Productive）が必ず必要になってくる。**日本人はとかく積極性がなく、自分から言葉を発しないが、それではとても戦っていけない。指示を待つのではなく、自ら考えて行動すること（Proactive）。そのため、自分の専門をはっきりさせ、それを磨くこと（Professional）。そして、生産性を上げること（Productive）。積極的に前にでて、生産性を上げ、専門性を磨くプロフェッショナルな人間になることが極めて重要である」

その中でも、ベースとなっているのが、1つ目のP（Proactive）、自ら考えて行動することだ。かつて永守氏は、去ってほしい社員のタイプを著書『奇跡の人材育成法』（PHP研究所）の中でこう述べている。

- 知恵の出ない社員
- 言われなければできない社員
- すぐ他人の力に頼る社員
- すぐ責任転嫁をする社員
- やる気旺盛でない社員
- すぐ不平不満を言う社員

・よく休みよく遅れる社員

どれも、自身で考え行動しようとする姿勢や、熱意を軸にした項目である。

## いい人材の条件　「ＩＱ」より「ＥＱ」

３つのＰと共に永守氏が人材採用・育成の上で意識しているのが、**「EQ（Emotional Intelligence Quotient）」**だ。

ＥＱとは、心の知能指数、もしくは感情指数などと言われる。「ＩＱ（Intelligence Quotient、知能指数）」がいわゆる〝頭の良さ〟のバロメーターとして見られているのに対し、ＥＱは自分や周囲の人間の感情を知覚・コントロールする力のことで、熱量ややる気を発露させる原動力と永守氏は位置づける。つまり、ＥＱの高い人間は、この製品を開発するぞとか、あの顧客から注文を取るぞという、ほとばしるような「情熱、熱意、執念」を持ち、「すぐやる、必ずやる、出来るまでやる」という強い気概を発揮できるというのだ。

永守氏は、自身の経験則から、**「IQなどによる能力的な差は、どんなに頭が良くても普通の人のせいぜい5倍ほど。一方、EQの高い社員とやる気のない社員を比べると、仕事で100倍以上の差が生まれることがある」**と語る。学校のテストや受験はIQが高いほうが有利だが、社会の中で競争を勝ち抜くためには、まさにこのEQが重要になると、永守氏は50年近くにわたる人材育成の経験から結論づける。

冒頭で紹介した新入社員向けビデオメッセージでは、永守氏はこう続けている。「EQを伸ばすこと、一生懸命に働き、努力することが人生を大きく変えていくことを理解してほしい」。

リーダーに関しても、永守氏はEQの重要性を強く指摘する。**「誰しも人を使えないといけない。組織というのは階段を上っていくもの。いくら頭が良くても、人を使えなければ上には立てない。従業員1万人の会社でも社長は1人。平社員であれば頭がいい人間が勝つ分野もあるけれど、上がっていけば頭は関係ない。IQで経営はできません」**。こう断言する。

## ＩＱ教育の限界　「玉露のかすよりも番茶の上等」が欲しい

大学教育は、受験勉強からその後の教育を含めてまさに、このＩＱ重視だと永守氏は指摘する。「用意された答えをいかに効率的に見つけるか」を競う教育にどっぷりと漬かり続けることで、何かに疑問を持つことがなく、自らの意思で未知の領域に興味を持とうとせず、チャレンジをしなくなっていく。永守氏はこの点に大きな危惧を抱いている。

確かに、一流大学の学生の中には、ＩＱとＥＱが両方とも高い人がいるかもしれない。だが、現状の受験制度では、知能や知識をベースとしたＩＱの高さこそが評価軸であり、ＥＱの高い低いは関係なく、いわゆる一流大学に入れてしまう。

**「私が欲しいのは、玉露のかすよりも番茶の上等です」**。永守氏は常々こう語る。

つまり、一流大学の下の方の学生よりも、たとえいわゆる大学のランクが低くても、また総合的な能力が現状の評価基準で高くなくとも、その中で奮起し上を目指すような志を持った人材を取ったほうがいいという考え方だ。京都先端科学大学も、そういう人材の育成を目指す。「玉露の上等は確かにすごい。でも、そのような人材は全然違

う所に行く。大学受験の結果なんて、ビジネスの世界では関係ない。私は、世の中に足りない人を大学で育てたい」（永守氏）。

**「1人の天才よりも、100人の協調できるガンバリズム」**の力を集めることで、日本電産は成長を遂げてきた。ただ漫然と知識教育を受けているのではなく、自身の目標を持ち、自覚的に動き、やり抜く精神を持つ、実践力の高い人材が求められている。

# 永守流、実践力人材の見つけ方・育て方

## 「光るものを見つける」試行錯誤の新卒採用

永守氏はＥＱの高い人材を探し出し、そして育て上げてきた。ＩＱ偏重の世の中において、ＥＱ視点で実践力のある人材を探すのは極めて難しい。そこで永守氏は、さまざまな採用試験を考案し、試してきた。「心の中に種火を持っていて、自分で自分のやる気に火を付けられる人」を探すためにだ。

前述のように、永守氏は１９７３年に社員３人と自宅の納屋で日本電産の創業を果たす。翌74年からは新卒採用をスタートするが、無名企業に人が集まるわけもなく大苦戦。その後、少しずつ実績が出るとともに採用試験に人が来るようにはなったものの、成績のいい、いわゆる優秀な人材は大手にばかり行ってしまう。集まるのは一般的に見ると〝二流〟〝三流〟の人材ばかりだった。だが、永守氏はここで逆転の発想をする。「**大手に勝つためには、成績順に採用するような同じことをしていてはダメだ。やっていないことをしよう**」と。従来にはない採用方法を生み出し、原石を発見しよ

うとした。

76年度の新卒採用で実施したのが「大声試験」だ。1つの文章を、応募してきた学生に順に読んでもらい、声の大きい人から採用するというもの。「世の中を見ても、声の小さい、こそこそしゃべっている人で成功している人はいない。EQが高い人は自信を持っていて声が大きい」。仕事ができる人は声が大きいという、永守氏のビジネスにおける経験則から、自信があるかどうかなどを注意深く観察しようとしたのだ。

続いて78年に実施したのが、「早飯試験」。のちに、この方法が最も成功したと永守氏は語る。応募してきた160人から面接で70人に絞り、何も知らせずに用意した弁当を食べてもらう。弁当は、しっかりかまないと飲み込めないおかずをたっぷりと詰めた特注品。永守氏や社員が実際に食べ、その結果から想定した時間以内に食べ終わった33人を無条件で採用した。

その他にも、**「先んずれば人を制す」**と、試験会場に早く到着した人から順に採用する試験や、足が遅くても休まない人を採る「マラソン試験」など、ユニークな採用試験を実施したこともあった。これらは創業期の、まさにわらにもすがる思いでいい人材を採ろうと試行錯誤をした時期のことで、今ではここまでとがった採用は行っていない。だが、学校の成績や筆記試験ではなく、ＥＱの高い人材を見極めていくスタイルは今なお健在だ。

永守氏は、採用試験の際には成績は見ないものの、その後の会社での実績との比較は行っている。例えば、大声試験や早飯試験など、成績を一切加味せずに採用した社員の成績表を金庫にしまっていたが、数年後に開封して社内の成績と比較したところ、学業の成績は全く無関係なことが分かってきたという。さらに、最も成功したと語る早飯試験の合格者は、その後に社内で大活躍し、大幹部になった。日本電産には、今ではいわゆる一流大学の学生が入社するようになっているが、「２０００年ごろから採用した新卒社員について、仕事の成果と卒業大学の相関関係を調べてみると、一流大学卒でも三流大学卒でも10年ほど経つと何も変わらないことが分かった」（永守氏）。三流大学出身者のほうが、成果を出していることも珍しくなかったという。

## 「自ら考え、もがく」　実践力を鍛える方法とは

**「ＥＱは筋肉と一緒で、鍛えればどんどん伸ばせる」**と永守氏は指摘する。その代わ

り、放っておくとまた元に戻る。だから、ずっと鍛え続けなければいけないという。

では、社会で能力を発揮するために必要なこのＥＱや実践力をどう伸ばしていくのか。重要なのは、**「とにかく考えさせること」**だ。永守氏は日本電産で、社員に徹底して考えさせる。権限を委譲し、仕事を部下に任せることを意識的に行う。そして、失敗することよりも、チャレンジしないことが問題であると説く。京都先端科学大学でも、詰め込みではない「自分で考えて行動する」ことを徹底的にカリキュラムに落とし込む。「90分、座学をやっていても仕方がない。半分以上を実践かアクティブラーニングなどにすべき」と、永守氏は語る。

## 「人間力」と「雑談力」を磨き、世界へ

ＥＱと同じく、永守氏が創業時からこだわるのが、**「人間力」**と**「雑談力」**だ。「欧米人は日本人と食事をするのを嫌がる。日本人は料理を黙って食べるだけで、話を楽しむことができないから」と永守氏は語る。実社会において、ただ黙々と自分の仕事だけをこなして完結する機会は極めてまれ。コミュニケーションができない人間は、周

囲と協調してチームとして何かを成し遂げることができないのはもちろん、周囲からの意見を聞けず、自身が成長をすることも難しくなる。当然、人の上に立つリーダーにもなれないというのだ。永守氏は、特に管理職はこの２つの力を磨くべきだと言う。

当然、人間力にはマナーや礼儀作法なども含まれる。日本電産では、新入社員研修にマナー講習を組み込んでいる。これだけなら、その他の企業でも行っていることだが、日本電産は、その後に段階的に実施する階層別の研修でも必ずマナー講習を実施する。内容も通り一遍の単純なものではない。名刺の受け渡しや電話応対の仕方といった定番かつ基本のビジネスマナーに加え、冠婚葬祭の知識や所作から、日常生活を送っていくうえで必要な礼儀作法まで幅広い。

大学においても、マナーや作法を徹底するのが永守流だ。マナーの悪い学生には、副理事長の浜田氏らが面談し、じっくり話をするといった労力もいとわない。**「一貫した教育をやって、人間教育もやって卒業してもらう。うちの卒業生はここまでやっていますよ！　と企業や社会に出て見てもらう。ひたすら勉強ばっかりやっていた人間と違って、面白い話も自然に出てくる。海外に行っても好かれますよ」（永守氏）**。世界で戦うには、この「人間味」も大きな要素になる。

## 感情を伝えられる英語力、もはや運転免許と同じ

永守氏は、英語の語学力を**「もはやビジネスの前提となる運転免許のようなもの」**と語る。

英語といっても、永守氏が求めるのは「話せること」だ。前述の人間力、雑談力を磨いたとしても、手段としての英語が使えなければコミュニケーションは取れず、世界では戦えない。国内でも、日本電産をはじめ、昇進に英語の能力が前提となっている企業は増えており、もはや基礎能力という位置づけだ。

「英語への即時通訳だってスマートフォンでできる、と言う人もいる。だが、その翻訳で感情は伝えられるのか。確かに『京都に行きたい』とか、道を尋ねるような文章は訳せるかもしれない。だからこそ、本当に感情を持って話せるかどうかが重要になる。コミュニケーションとは、ジョークを交えて場を和ませたり、心の底から湧き上がる何かを表現したりすること。怒った際に話すような言葉を翻訳して伝えられるのか？　ＡＩでも訳すのは無理」（永守氏）

永守氏が英語力へ強い意識を持つのは、日本電産の社員を見てきた経験からだ。「今

どき、ブランド大学を出ても、英語を話せない。TOEICで300点か400点の場合もある。話せると思ったら帰国子女。だから、京都先端科学大学ではTOEIC650点以上の到達を絶対目標にする」。その目標を基に、大学では徹底して〝話せるようになる〟カリキュラムを新たに開発。4年間の総コマ数の、何と22％を英語の履修に割り振る大改革を行った。さらに、工学部では一歩進めて、全授業を英語で行う仕組みを導入。これは、専門科目を〝英語で学ぶ〟という斬新なものだ。

**「やる気があって、英語が話せて、人間の常識を知っている。そして専門能力もある。今年の1年生が卒業する4年先には、こんなすごい人材が大学から出てくるぞ。君たちは全員抜かれるかもしれない」**。永守氏は、社会人にもこうハッパを掛ける。

Part 3

# 私財130億円以上を投じた「大学革命」前夜〜本格始動へ

## 「この大学を使ってやってほしい」

永守氏が、130億円以上の私財を投じて改革を進める京都先端科学大学。数々の企業を傘下に収め、立て直してきた永守氏の手腕、組織改革のノウハウが注ぎ込まれ、大きく変貌を遂げつつある。では、なぜ同大学を永守氏が改革の舞台として選んだのか。

永守氏は当初、2025年をめどに完全な単科大学を設置する方針を温めていた。モータ工学を徹底して学び研究できる大学で、学生の半分を留学生にするという大胆な計画。1学年500人、4学年で2000人、大学院を加えても小さな大学だ。全寮制で学費は無料とし、誰にでも門戸を開き、やる気のある若者を自分の私財を全部投げ打って育てる覚悟だった。

実は、計画の準備も水面下で着々と進めていた。14年には、モータのみならず、発電機やアクチュエータなどの周辺分野も含めた技術の研究開発を支援する「永守財団」を設立。「永守賞」という名前で、世界のモータ研究者・開発者を顕彰し、研究資金を助成することで、海外を含めて広くモータ研究者のネットワークを構築していった。将来、大学をつくった際に、優秀な研究者を呼び込むための布石だ。

文部科学省の補助金を当てにするつもりは毛頭なかったが、大学設立の手続きは想像以上に煩雑で、長い時間がかかることが分かってきた。そんな中、16年12月16日、京都先端科学大学の前身である京都学園大学の当時の理事長であり、永守氏と旧知の仲である田辺親男氏が日本電産を訪れた。そこで田辺氏は、こう告げた。

「大学を一からつくろうと考えているなら、この大学（京都学園大学）を使ってやってほしい」

当時、京都学園大学は長らく低迷を続けており、田辺氏の下で改革を急いでいた。京都市郊外にある「京都亀岡キャンパス」に加え、新たに京都中心部の太秦にもキャンパスを開校。健康医療学部の新設など、大幅な学部再編を行い、受験者の数も回復傾向にはあった。だが、今後の急激な少子化を見据え、資金面を含めて経営の存続は難しいと判断を下し、永守氏に打診した。

## 2人の共鳴者を選び出し、大学へ送り込む

永守氏はこの申し出を即座に受諾する。確かに自分でつくるよりは簡単だ。バイオ関連の学部もあるし、看護系の学部もある。小さいながら、総合大学にするのも悪くない。そう思い直したのだ。

少人数のこじんまりした規模で、世界的に評価が高い大学は、実は海外では少なくない。永守氏は、例として米国のバブソン大学を挙げる。マサチューセッツ州ウェルズリーにある私立大学で、起業家教育に特化。学部生、院生がそれぞれ2000人弱と小規模ながら、教員はほぼ全員が現役の実務家であり、生の起業学を学びに世界中から人が集まる。米国の時事解説誌「USニューズ&ワールド・レポート」が発表する大学ランキングにおいて、26年連続でアントレプレナーシップ部門1位の評価を得ており、トヨタ自動車の豊田章男社長やイオンの岡田元也会長も修了生だ。

国内でも、英国の高等教育専門誌「THE（タイムズ・ハイアー・エデュケーション）」が発表する「THE世界大学ランキング」を見ると、変化が起きているのが分かる。「豊田工業大学や会津大学などがランキングを上げ、地元大学を脅かしている」（永守氏）という。小規模ながら、特定の領域で存在感を増す大学が出始めている。

「京都学園大学では、授業料収入の関係もあり、入試の合否判定に悩んでいる、と残念な話をしていた。それではらちが明かない。ならば私財を投じて変える」。永守氏は大学改革に乗り出す。そして、モータ技術を専門的に教える日本初の学科を形にするため、すぐさま工学部の設置申請へ動き出した。

田辺氏が永守氏を訪れてからわずか1カ月後の17年1月18日には、永守氏をはじめとする日本電産幹部が京都太秦キャンパスと京都亀岡キャンパスを視察。17年3月30日には、永守氏が18年3月から正式に理事長に就任すると公表した。ここまで田辺氏の打診を受けてから数カ月しか経過していない。この間に、永守氏は現場の指揮官として、日本電産で要職に就いていた浜田忠章氏を副理事長にすることを決め、東京大学理事・副学長を経て日本電産生産技術研究所初代所長だった前田正史氏を学長にする新体制の準備を整えている。2人とも、永守氏の志と熱意に強く共鳴する人物で、大学の組織を変革する要だ。

## 立ちはだかった認可の壁　そしてついに……

17年4月からは、浜田氏がまずは非常勤理事となって学校へ日参。永守氏が正式に理事長に就任する18年3月に先駆けて、先遣隊として組織の課題を洗い出し、改革の地ならしを始める。同時に永守氏も大学へ高頻度で通い、手弁当による昼食懇談会を繰り返した。自らの志や思いを伝え、教職員に変革を促し、ベクトルを合わせていくためだ。その数は、1年ほどの間だけでも十数回に上る。併せて、各学部長の刷新に向けて、改革の強い意欲を共有できる人材の発掘を本格化。17年12月には新設工学部の学部長として、田畑修氏の就任が決定した。

そして18年3月、永守氏が理事長に正式に就任し、20年4月に工学部を新設することを公表。19年4月には大学名を「京都先端科学大学」に変更し、前田氏が正式に学長に就く。それと同時に、人文学部を除いた新学部長も就任し、新体制が姿を現した。

教職員の組織改革に加え、新設工学部の体制とカリキュラムの策定が本格化するなか、大きな壁が立ちはだかる。旧態依然とした認可の壁だ。通常、認可の判断は毎年8月ごろに公表されることが基本だが、新設工学部の設置許可は開設まで1年を切った19年8月のタイミングでも確定されず、追加資料の提出や説明が求められた。工学部の完全英語授業（115ページで詳説）といった斬新な取り組みなどの実現性が課題になったとみられる。

もし、認可が得られなかったら新聞に意見広告を出すことも考えていたという。「対外的に意見を表明することは、海外では普通のことだ」と永守氏。それほどまでに、日本の大学教育を変えようと、まさに東奔西走をしていた。

追加説明の後、19年11月にようやく「工学部機械電気システム工学科」「大学院工学研究科機械電気システム工学専攻」の設置が認可。約20人の教員も着任していた。工学部のスタートまで残り半年を切る、まさにギリギリのタイミングだった。そして20年2月、工学部が入る南館が京都太秦キャンパスに竣工し、そして4月にはついに工学部が開設。永守氏の夢がその形を現した。

次ページからは、学内で組織改革や人材育成の先頭を走る、副理事長の浜田氏と学長の前田氏、そして工学部長の田畑氏が、永守氏のメッセージをどう受け取り、解釈

20年2月、京都太秦キャンパスに新設工学部が入る南館が竣工。地上5階、地下1階建てで、国際学生寮も併設する

し、そして実行に移してきたのか。その全貌に迫る。

# 2章

# 実行者が語る
# 組織改革・人材育成

Part 1

実録！
改革実行者
1

# 「組織を変革せよ！仕組みを変革せよ！」

副理事長 浜田忠章氏

浜田忠章（はまだ・ただあき） 学校法人永守学園副理事長。1971年、三菱銀行（現・三菱UFJ銀行）入行。2000年、日本電産入社。海外事業管理部長、常務取締役などを経て、09年より取締役専務執行役員。役員として、人事部・人材開発部の統括、経営企画・海外事業管理部などを担当する。17年3月に日本電産を退職後、同年4月より前身の京都学園大学・非常勤理事に就任。18年より現職

## カリスマ経営者・永守重信氏の〝影武者〟

永守氏が理事長として改革を進める京都先端科学大学。この大学には、「副理事長」という極めて重要なポストがある。多忙を極める永守理事長の代わりに、現場代行者

として経営全体の指揮を執っている人物。それが、日本電産の元・取締役専務執行役員の浜田忠章氏である。

永守氏は、著書『人を動かす人になれ!』(三笠書房)で、自分の考えや思想を理解する〝分身〟をつくることの重要性をこう説いている。

**「現場、現物主義の私が自宅に戻れるのは1カ月のうち1週間程度、残りの3週間余りはホテル暮らしである。(略)裏を返せば、本社をそれだけ留守にしておいても安心していられる。すなわち、私の考え方、思想を完全に理解してくれる分身が育ったということである。余計なことは何も言わなくても、ほぼ私の考え通りに物事が進んでいく。〝一を聞いて十を知る〟という言葉があるが、その一さえ言う必要もない」(一部略)**

世界40カ国以上で事業展開する日本電産を率いる永守氏は、文字通り世界中を飛び回っている。しかし、自身が不在であったとしても分身がいれば、思い通りに仕事を進めることができる。永守氏は、京都先端科学大学における自身の分身として、まさに影武者のごとく浜田氏を送り込んだのである。

浜田氏と永守氏との関係は20年近くにも及ぶ。旧・三菱銀行出身の浜田氏は2000年に日本電産に転職し、入社後は経営企画部長としてM&Aの実務責任者となる。日本電産は創業以来60社以上のM&Aを行うことで事業を拡大してきたが、浜田氏は入社早々、その大役を任されたのである。

しかも、M&Aでは守秘義務が絶対条件。契約から調印に至るまで永守氏と直接連携して進めることになる。一部長でありながら入社直後からいきなり永守氏と直で仕事のやり取りをすることになったのだ。その後も、米国子会社の日本人トップとして赴任した際は、永守氏が訪米したときのサポート役として、また、帰国後は人事部・人材開発部統括など経営管理部門を指揮する役員として、日本電産では約17年間にわたって永守氏を支えてきた。

「長く永守会長の直下で仕事をしていましたので、いやが応でも影響を受けました。気が付くと永守会長と同じことをやっている自分がいる。知らず知らずのうちに永守イズムが体の隅々まで刷り込まれていった」(浜田氏)。

## 日本電産の退職直前、まさに青天の霹靂

そんな永守氏の側近ともいえる浜田氏だが、大学の話は寝耳に水だった。

永守氏に大学経営の話が舞い込んだのは、16年の年末。当時、専務執行役員から外れたばかりだった浜田氏は、翌3月の退職を控え、後任に引き継ぎも済ませていたところだった。

「当時は、『さあ、これから何をして楽しむかな』と、毎日浮き浮きした気分で過ごしていた。日本電産時代は永守会長の直下なので、がむしゃらに働き、ゴルフも行かず、仕事に向き合う毎日。3カ月後は思う存分にゴルフもするし、能などの古典芸能などにも親しみたいな！と思っていた年の暮れ、12月17日に私の後任から突然電話がかかってきた」（浜田氏）

京都先端科学大学の前身である京都学園大学は、当時理事長だった田辺親男氏の時代から改革を進めていた。定員割れの状況を食い止めるまで改善しつつあったが、少子化に向かうなかで、経営の存続は難しいと判断を下したのである。

そこで田辺氏が日本電産本社を訪れ、永守氏に京都学園大学を引き継ぐ形で新たな大学をつくらないかと持ちかけた。それが16年12月16日のことだ。つまり、浜田氏への就任依頼は、その翌日ということになる。

大学経営という大プロジェクトを即日決断し、翌日には浜田氏に打診するというスピードの速さはさすが永守氏。いつもなら永守氏から浜田氏の携帯電話に直接かかってくるところだが、この日の電話は後任専務からだった。
「永守会長が京都学園大学の経営をすることになった。浜田さん、会長が大学の仕事をやらないか？　と聞いています」と。
「冗談だろ。私は3月に会社を辞めると決めているんだから」。年の瀬も押し迫った頃の突然の電話。退職間近だったこともあり、浜田氏はとっさにそう言って電話を切った。「あえて後任から電話をかけさせたのは、永守会長も私が断るのではないかと思ったからでしょうね」と浜田氏は語る。

電話では即座に断ったが、その後、浜田氏は冷静になって考える。今は、早く仕事から離れて自由な暮らしがしたいと思っているが、いざ退職したら毎日何をして過ごすのか。それまで仕事一筋だった自分から仕事がなくなるとどうなるのか。大学の仕事ならば環境も違うし、日本電産ほど厳しくないのではないか。

浜田氏は、日本電産に転職後は家族を東京に残し、単身赴任の生活を送ってきた。退職を機に家族の元に帰るつもりだったため、まずは妻に電話で聞いてみることにした。この話を告げると、浜田氏の心配はよそに、妻は開口一番、「引き受けたらいいじゃない」と快諾した。

「そうだな。大学なら週3～4回くらい顔を出す程度の仕事かもしれないし」という浜田氏に対し、妻は「そんな気持ちじゃダメよ。せっかく永守会長から声をかけていただいたのだから、やるからにはきちんとやらないと。それに、あなたから仕事を取ったら何も残らないじゃない」と返す。

浜田氏は、その妻の一言で決断をする。リタイア寸前のタイミングで話が来たのも何かの縁かもしれない。すぐに後任の専務に電話をかけ、大学の仕事を引き受ける旨を伝えた。早速、その翌日、永守氏に呼ばれた。

「彼独特の言い方でね、『大学を引き受けてくれるんだってね。別に、まあ、君じゃなくてもいいんだけどね。やるなら、君にはちょうどソフトランディングでいいんじゃないか』と（笑）。私は永守会長から褒められたことは記憶にないので、彼らしい言い方だな、と思いました。今考えれば、このときは私の考えも甘かった。まさか大学改革がこれほど大変なこととも知らずに」と、浜田氏は振り返る。

こうして浜田氏は、日本電産を退社後に学校法人京都学園（現・永守学園）の副理事長として、現在の京都先端科学大学の現場改革を進める実行者の1人として新たなスタートを切ることになった。

## 〝非常勤〟ながら大学に日参、改革の糸口を探す

17年3月、翌年から京都学園大学の経営を引き継ぐこととし、理事長・副理事長が変わることが公式に発表された。

浜田氏は、17年3月31日が日本電産の退職日であり、同日に席を片付けて退社すると、その翌日4月1日にはもう、京都学園大学の入学式に「非常勤理事」として参列した。副理事長としての正式就任は1年先で、当時は非常勤という立場だったが、浜田氏は入学式以降も〝皆勤〟で大学に日参することになる。

「何十年も前に大学に通っていたが、改めて大学に行くと組織としての『大学』は民間企業にいた私にとって未知の存在。大学の実情を何も知らずして、副理事長など到底できない。経営の屋台骨はもちろん永守会長だが、彼は会社もあるし、どっぷりと大学に浸かるわけにはいかない。私は〝永守代行〟として大学の現場を取り仕切る役目を仰せつかったのだから、まずは1年かけて大学の内部事情を把握するために毎日

出勤することにした」。そう語るように浜田氏は、自身が大学に関して〝素人〟であることを自覚したうえで、準備期間を設けたのだ。

浜田氏は、日本電産時代は、人事統括や経営企画などを担当してきた経営管理のプロ。大学がどのように運営され、どんな人間がどんな考えで進めているのか——。職員や教員からヒアリングを重ね、大学の仕組みや経営の実態を探っていった。

「大学の人たちも、こんな早いタイミングから毎日来るとは思わなかったでしょうね。本来なら肩書きだけの『非常勤理事』だからね。非常勤だから席もなくて、いつも空いている会議室を使って仕事をしていたが、しつこく毎日来るものだから最後は席をつくってくれた。4月1日の入学式の日も永守会長の秘書から『会長がお呼びです』と電話があったくらいだから、私がまだ日本電産にいると思っていたらしい。『会社のほうはすべて片付けて、今は大学の入学式に参列している』と話すと、もう大学にいるのか、と驚いていた」。浜田氏はそう笑いながら当時を振り返る。

日本電産の退職翌日には仕事場を大学に移し、翌日の入学式から休むことなく動き出すスピードの速さは「**すぐやる、必ずやる、出来るまでやる**」の永守イズムが浜田氏に染みついている証拠だろう。

日本電産といえば、創業者である永守氏が「他社なら1カ月かかる試作品を1週間で仕上げる」「人の倍働いて納期を半分にする」という熱意と執念で成功を勝ち取ってきた会社だ。1日24時間という誰しも平等に与えられた時間を最大限効率的に使い、どんな難しい案件でも「出来る、出来る」と何百回も言い続けて実績を上げ、事業を拡大してきた。永守流哲学の基本である**「情熱、熱意、執念」**が備わっている浜田氏だからこそ、大学改革の大仕事を任されたのだろう。

## 永守氏と共に昼食懇談会で現場の不満を探り出す

先遣隊として浜田氏が大学に日参し始めてから、永守氏もこの〝マイナス1年〟の間に、大学に足しげく通っている。その狙いは3章の意識改革編で詳細にまとめているが、十数回にわたって教職員との昼食懇談会を開いた。浜田氏はこの懇談会に同席し、共に話を聞いた。

この場で伝える永守氏からのメッセージは終始一貫している。世界のビジネスで戦う中で、日々痛感するのは日本の若者と世界の若者との実力差だ。日本では、有名大学に進学してもろくに勉強をせず、大学のブランドだけで一流企業に就職できる。だから自分でものを考える思考力がない、英語もできない。グローバル社会で日本が生き延びていくためには今の教育ではダメだ。だから、自分がやってみせるしかない、と。

懇談会では、永守氏の思いを伝えるのに加え、現場からの不平不満の本音も吸い上げていく。浜田氏は懇談会に共に参加し、改革の基礎構想をより深めていった。

大企業において、こうしてトップが一般社員と顔を合わせて語り合う機会はめったにない。永守氏の極めて限られた時間の中で、昼食懇談会という形を取り、自分の考えを役職者だけでなく、末端まですべての人間に直接伝える。浜田氏はこの伝達役といえる。

## トップの言葉をそしゃくし、実行策へ落とし込む

これまで見てきたように、永守氏がこの大学で目指すコンセプトは非常に明確だ。だが、教職員の立場から見れば、具体的に何をどうすべきか、というところまでは分からない。

そこで、浜田氏の出番となる。トップである永守氏のメッセージをそしゃくし、一人ひとりが何をすべきかに落とし込み、指示を出すのが現場を取り仕切る副理事長の役割だ。

大きなビジョンを、小さなタスクに——。

「まず、最終的に目指す目標が何かを明らかにする。事務部門でいえば、教務センターではカリキュラムをどうするか。学生センターなら学生に対してどんなサービスを提供すればいいのか。情報システムならいつまでにシステムのレベルをどこまで上げるのか。こうして部門ごとにそれぞれのゴールを見極め、事業計画に落とし込んでいく。大学も1つの組織として、それぞれの部署がやるべきことをオープンにし、その最終ゴールを達成するために各部門、各個人では何をするか。それをタスクとして個々に振り分けていった」(浜田氏)

## 日本電産流の人事評価制度で変革を加速

日本電産がM&Aで傘下にした企業に対し、行う再建術は一貫している。無用なリス

浜田氏は、永守学園の副理事長として、大学の現場で陣頭指揮を執る。写真は、完成したばかりの工学部が入る南館図書館にて

トラはせず、社員のベクトルを合わせ、活力を取り戻し、チーム一丸となって目標に突き進むことだ。一気呵成（かせい）に社員たちに意識改革をほどこし、体質を変える。これが、〝再建のプロフェッショナル〟である日本電産流のやり方である。

この永守メソッドはこの大学でも踏襲されている。**「一人の百歩より百人の一歩」**とは、永守氏の経営方針の一つ。〝分身〟である浜田氏も同じように、全員が同じ方向を向くように組織を変革していった。

浜田氏が、組織改革の肝として全力を投じたのが、評価制度を明確にした人事システムの導入だ。氏は日本電産時代にそれまでの人事制度をつくり替え、実力実績で評価する体系に整えた実績がある。

この日本電産流の評価制度を大学にも導入したのだ。「10年後の目標と一貫性を持たせるような形で評価制度をつくり込み、一人ひとりが何をやったら評価されるのかを明確にし、昇給・賞与もこうした評価にリンクするようにつくり変えた。あなたは何をしたら評価されるか？　昇給・昇格するのか？　こうしたことを明確に示した。具体的に目で見える評価基準がなければ、どう動けば正解かも分からないでしょう。逆に、それがクリアになれば自分は何を頑張ったらいいのかが明確に分かり、仕事に取りかかりやすくなる。はっきりと評価軸を示した」。浜田氏は狙いをこう語る。

事務部門に関しては、浜田氏が正式に副理事長に着任した初年度から新しい評価制度の設計に着手し、2年目の19年度から導入、実施した。初年度から体制を変えるのは、永守イズムにのっとれば、ごく当然のことだ。永守氏は著書『情熱・熱意・執念の経営』（PHP研究所）において、M&Aで傘下に入ることになった赤字企業と日本電産との一番の違いをこう指摘している。

**「その会社は、経営判断のスピード、そして決断してから実行するまでの時間がわが社の3倍ぐらいかかっていた。これ以外に、ほとんど問題点は見つからない。（略）少**

**し意識が低い社員、決断の遅い経営者がいただけで、赤字が100億円まで膨らんでしまった。今の時代は、決断と実行のスピードの差が、そこまで会社の命運を大きく左右する」**

このように、「すぐやる、必ずやる、出来るまでやる」がモットーの永守イズムにおいて、スピードは絶対条件なのである。

## 「教育重視」か「研究重視」か　教員の評価も見える化

人事制度改革は大学職員に行っただけではない。前述したような教員の〝負け組〟体質も根本的に覆していかないといけない。そこで、教員に対しても日本電産流の評価制度を導入し、20年度より実施している。

ただし、教員の場合、職員とは異なり、評価するべきポイントは非常に複雑だ。大学では、学生に対する教育だけでなく、個々の研究も重要視されている。大学全体のレベルを底上げにするには、教員陣の研究実績も軽視できない。まして、永守氏が狙う「世界大学ランキング」で上位につけるには、大学の研究実績が非常に重要になってくる。

そこで、浜田氏は各学部長と議論を重ね、「教育」と「研究」のどちらに比重を置くか、各教員に選択してもらい、選択した分野で評価項目を変える複数パターンの人事制度を作成した。

「実際はもっと複雑だが、例えば、『教育』を選んだ教員に対しては、学生への教育支援を重点的に評価する。担当授業のコマ数や学生指導に注力することも当然評価につながっていく。一方、『研究』を選択した場合は、学術論文や学会での研究発表を重視する。国際的に権威のある科学雑誌で論文が掲載されたら何点加点するという具合にきめ細かく指定した。こうしてすべて客観的に数字で評価できる仕組みに仕立て上げた」と浜田氏は語る。

## 実績だけではない、加点主義で組織を変える

人事評価には、永守イズムのエッセンスも注ぎ込んだ。日本電産時代に浜田氏も作成に携わった行動指針・規範「Ｎ·ｉｄｅｃ Ｗａｙ（ニデックウェイ）」の考え方を評価に

取り入れたのである。Nidec Wayとは、「情熱、熱意、執念」といった永守氏が語ってきた言葉などから10項目を抽出し、体系化したもの。例えば、「情熱」ならどのような行動を心掛けるべきか、それぞれの項目ごとに具体的な行動指針が示されているという。まさに永守イズムの〝教科書〟だ。

日本電産の評価制度では、実績に加え、このNidec Wayに基づいた熱意や姿勢も加点評価している。この加点評価というのが、日本電産流のポイントだ。**一般的に多くの企業の場合、失敗したらそれ自体をマイナス評価とすることが多い。対して、日本電産では、たとえ失敗したとしても、その原因を究明し、教訓とすることに重きを置く。果敢にチャレンジしたことに関して、貴重な視座や次なる成功への教訓をもたらした功績としてプラスの評価をするのだ。**これが、加点主義と言われるゆえんである。その結果、新しいものを生み出そうとしたり、より大きな目標にチャレンジしたりする空気が醸成される。この永守氏の思想が色濃く反映された考え方を、この大学の評価制度にも取り入れた。「永守流の経営哲学を理解し、意識し、行動することは、多様化する社員のベクトルを1つに合わせる効果がある」。浜田氏は、評価にメッセージを込めた。

評価制度は、他大学を参考にしたのか？　と問うと、「よその大学のことは調べていない」と浜田氏は言い放った。

「他の大学がどうであろうとまねすることはない。なぜなら、私たちは既存の大学のやり方を変えようとしているのだから。どこかの前例を参考にするのでなく、すべては『どうあるべきか』という出発点に立って進めている。アプローチそのものが違う」と浜田氏。永守氏は、自らの理想を求め、「他人のやらないことをやる」をモットーに日本電産を旗揚げした。まさにこの精神が、浜田氏を通じて発露している。重要なのは、この大学が何を目指すかということ。ゴールに向かって全員がスタートを切って進めるように、浜田氏が道筋を立てることで改革を進めていった。

「当然、試行錯誤は出てくる。それはビジネスの世界でもそう。まずやってみる。それでうまくいかなければ、再度検討を重ね、つくり変えていけばいい。私が日本電産で経営管理や人事を統括してきた経験や考え方を、この大学の仕組みづくりにも大きく反映させている」と浜田氏は語る。

永守氏は、著書『人を動かす人になれ！』（三笠書房）でこうも語っている。**「新しい仕事、新しいチャレンジには常に失敗がつきまとう。この失敗を恐れていては、会**

**社にも、その人自身にも未来はない。（略）失敗のなかに飛び込んでいけば、必ず解決策を見つけることができる**」と。永守イズムでいえば、まずやってみることが基本だ。

具体的なメソッドは浜田氏が主導して関係者の知恵を集め、考案している。「私は20年間、理事長に仕えてきたから彼ならどう考えるかがかなり分かるようになった。彼は『この大学で、世界で活躍する人材を育てたい』と強固なメッセージを伝えている。彼が望む形を僕は頭の中で大きく広げてイメージする。そして、目標を定め、そのゴールにたどり着くための方法論を考え、段階的なステップを用意する。そして結果を出す。それが僕の永守代行としての役割だと心得ている」（浜田氏）。永守氏は細かいことは指示しない。たいがいのことは浜田氏の判断で進めているが、永守氏と考え方や手法に相違がないのは、まさに〝分身〟だからなせる業なのだろう。

## プロ人材を外部から集め、「英語教育」を変革

学生の教育改革として、具体的に浜田氏が進めたのが、社会で戦うための「実践力」を身に付けさせるための仕組みづくりだ。

教学、学術面については学長の前田正史氏が指揮を執り、浜田氏は企業人の立場からこの実践力を鍛えるための策を打ち出している。浜田氏が実践力として重視するのは2つ。「実践的な英語力」と「国際的社会人基礎能力」だ。

「実践的な英語力」とは、端的に言うと英語でコミュニケーションが取れることを指す。受験などで教え込まれる〝知識〟ではなく、実際に仕事で使えるかどうかだ。

まず、浜田氏は実践的なカリキュラムを構築するために米ハーバード大学院で教育学を学んだ武田浄氏をスカウトし、職員として迎え入れた。武田氏は、関西の自治体や大学で英語教育政策の責任者として改革に携わった、まさに英語教育のプロフェッショナル。英語のカリキュラムに関しては、世界中で支持されている指導法・プログラムを持ち、国内外の2万社と法人契約を結ぶベルリッツに協力を求めた。

「新たに採用した英語教育のプロである武田さんと、大学の英語教員とでプロジェクトチームを始動。ベルリッツ側と議論を重ね、卒業時にTOEIC650点に届かせるための4年間にわたるプログラムを作成した」(浜田氏)。コマ数でいえば、4年間の総授業コマ数の何と22%を英語の履修が占める計算になる。中途半端な学びであれば必要ないと、第2外国語は必修から外し、徹底的に英語をたたき込む狙いだ。

教員は英語のネーティブスピーカーと日本人が半々。比較的少人数で講義を行い、英語が苦手な学生に対しても丁寧に設計された授業を展開する。1年生は「聞く（リスニング）」「話す（スピーキング）」「読む（リーディング）」「書く（ライティング）」の英語4技能を集中的に身に付け、TOEICのスコアでいえば、卒業までに250点以上引き上げることを目指す。2年生以降はビジネスをベースにした英会話など、段階的に高度な英語能力へと引き上げていく。卒業時の目標はTOEIC650点以上。外資系企業で働く場合は700点以上が一つの目安とされているが、650点あればビジネス英語の基礎はできているとされ、大学ではそれを一つの目標に設定している。

なぜ、英語をこれほど重視するのか。

永守氏に言わせれば、**「営業担当が運転免許証を持つのと同じように、グローバル企業で仕事をするうえで英語は最低限必要なスキル。英語ができなければメールや電話一つでも倍の時間がかかり、生産性も落ちる。社会人になってから英語を学ぶようでは諸外国との競争に負けてしまう」**という理由がある。事実、日本電産でも15年以降は管理者の登用にはTOEIC700点以上という基準が設けられている。

浜田氏も英語力の必要性をひしひしと感じている。氏が日本電産の海外現場である米国子会社に勤務していた頃、日本人社員の語学力のなさを痛感することが多かったという。世界40カ国以上で事業を展開する日本電産においては、開発は日本、製造は中国、営業は米国など、取引先外国企業でも機能が多地域に分散している状態。1つの事業であったとしても、双方各国のメンバーの協力が不可欠で、国をまたいでのテレビ会議もしょっちゅうだ。

その際、品質保証的手法など緻密な話になればなるほど専門的な語学力が求められる。浜田氏は、日本側の技術者たちの語学力不足で十分な意思疎通が取れず、その場で問題解決ができなかった場面にも遭遇した。

「こうした場面で何度ももどかしさを感じてきたからこそ、英語を使いこなせる学生が欲しいという永守理事長の言うことが痛いほどよく分かる。中国の工場で働く中国人技術者は高い専門性に加え、語学力も身に付けて会社に入ってきている。日本人は、語学力の面では同じ条件下にある中国人にも負けている。しかし、その状況でも日本電産の業績は今も伸び続けている。もし、この大学で培おうとする、実学と語学力を兼ね備えた学生が日本電産に大勢入ったとすれば、会社の利益は今よりもっと伸ばせるはずだ。もちろん、それは日本電産に限らず、グローバル企業においてはどの会社も同じことがいえるだろう」。浜田氏はこう力説する。

## もう一つの実践力、「国際的社会人基礎能力」を育てる仕組み

英語力に加えて、浜田氏が重要だと位置づけているのが、「国際的社会人基礎能力」だ。これは浜田氏の造語で、「多文化のグローバル社会において、多様性を受け入れながらコミュニケーションを取り、相手の考えをきっちり理解しながら自分の考えもきっちり相手に伝えつつ、チームワークを築き、リーダーシップを発揮する能力」のことを指す。日本電産で人材開発を担当してきた浜田氏は、グローバル企業で必要とされる人材とは何か、企業人としての長年の経験からも痛いほどよく分かる。

「『コミュニケーション能力』『チームワーク』『リーダーシップ』を含めた国際的社会人基礎能力は、世界で活躍するのに欠かせない力だと考えている。永守理事長の言葉を借りれば『雑談力』がそれに近いだろう」（浜田氏）

永守氏が言う「**雑談力**」とは何か。それは**雑談ができる会話力があれば、人の心をつかみ、本音を聞き出し、互いの距離を縮めることができ、ひいてはビジネスを円滑**

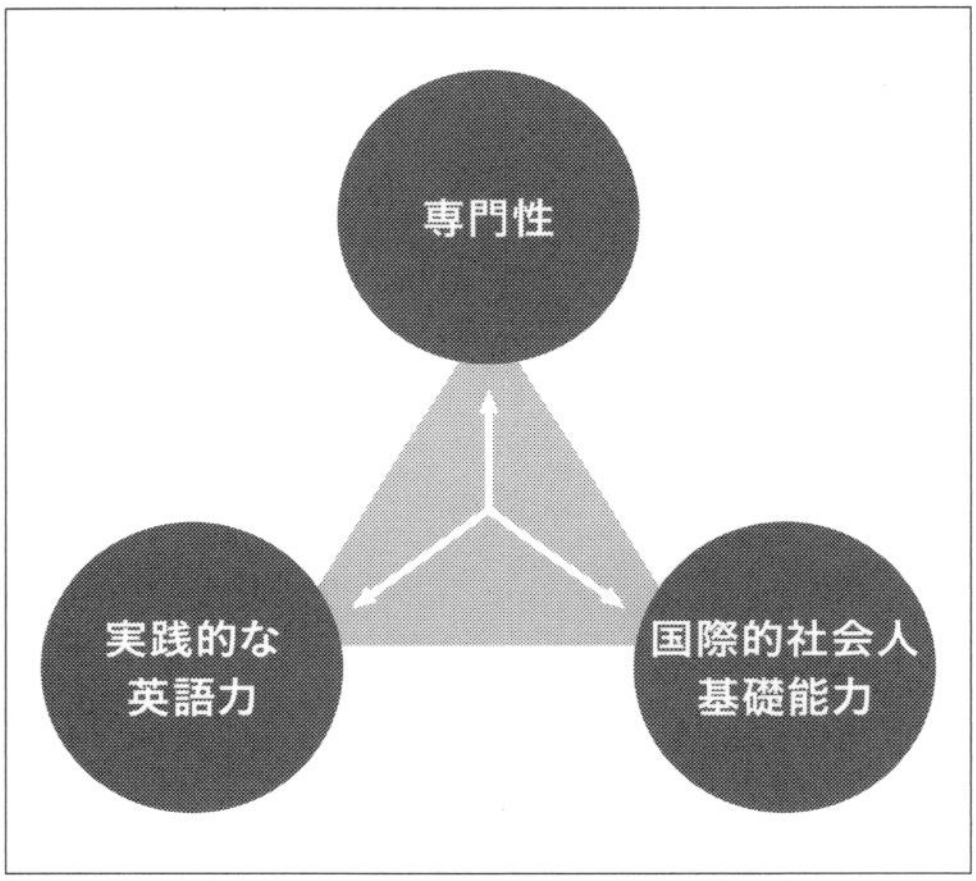


京都先端科学大学が目指す人材像。3つの柱を社会が求める力として掲げる

**に推し進める力となる**、ということ。雑談力を高めるためにも、先ほど浜田氏が述べた「コミュニケーション能力」「チームワーク」「リーダーシップ」が必要不可欠という。

そして、その育成方法の一つとして京都先端科学大学で取り入れたのが、スポーツだ。昨今の一般的な大学のトレンドには逆行するが、体育を必修化し、スポーツを通して社会的能力を養う「SLS（スポーツライフスキル）プログラム」を導入した。15人前後の少人数でチームをつくり、京都市郊外に広大なグラウンドを持つ京都亀岡キャンパスまで全員でバス移動。サッカーやテニスなどを通じて、チームとして成長していく過程で人としての成長も促す。

京都亀岡キャンパスには、人工芝の野球場やグラウンドを完備。部活動に加え、体育の講義でも利用される

「国際的社会人基礎能力として掲げる3つの力を意識しながら指導するよう、体育教員にも徹底している。団体競技はメンバーと協力し合って共通の目標に向かって努力するもの。リーダーとなる人間、サポートする人間、それぞれ自分の役割を理解し、チーム全体の力を底上げするチームビルディング的な動きを積極的に取り入れている。スポーツはビジネスに必要な瞬時に物事を判断する力も養える。さらに付け足すと、今の学生はあえて外との接点を持とうとせず、内に閉じこもりがちなところがある。スポーツというフックを用意することで、殻を破らせたいという願いもある」。

## 大学でマナーも教育?「そこまでやるか」が永守流

きめ細かい英語教育、体育必修化など、大学でありながらその面倒見の良さには驚く。さらに学生のマナーに関しても事細かい。

改革に当たって、永守氏が講義の様子をのぞきに来たところ、多くの学生が寝ている姿を見てがくぜんとしたという。理事長室に戻ると、永守氏は「**こうした学生の態度もマナーの一つ、大学できっちり教え込まないとダメだ。社会に出たときにそんな態度で務まるはずがないだろう。いい加減な教育で卒業生を出すな**」と話した。

以来、受講態度の悪い学生は1人ずつ呼び出し、面談で注意喚起している。改善しない場合は落第も辞さない。今では、「寝ている学生もスマートフォンをいじっている学生も明らかに減った」と浜田氏は語る。

学生だけではない。永守氏は教員に対しても強く変革を迫る。

「そもそも学生が眠たくなる講義には教員の教え方にも問題がある。学生が興味を持たない授業はたいてい教員自身が『教えられること』を工夫することもなくそのまま講義している。つまり、学生が本当に『学ぶべきこと』を教えていないから眠たくなる。教員は、研究は研究で突き詰めてやったらいい。しかし、学生に対しては彼らが学ぶべきことを教えないとダメ。研究内容が専門的だとしても、学生に教えるときは理解できるように工夫しないといけない」（永守氏）。「私は教員側の人間ではないが、納得いかないときは指導法に対しても口を出し、学部長にも声をかけている」と浜田氏は語る。当初、同大学の授業は教員がただ話をする講義型がほとんどだったが、例えば90分講義のうち前半は講義で後半はアクティブラーニングにするなど、授業の組み立ての見直しについてもゼロベースで議論を重ねた。

このように、万事に至るまで「そこまでやるか」を徹底するのが永守イズムだ。「『学生の態度まで口うるさく言う必要があるか』という人もいるが、そこまで徹底してやらなかったら本当の改革なんてできない。永守理事長がこの大学に懸ける思いは本気だ。私も彼の目標に共感したからこそ、退職後の人生を懸けてこの仕事を引き受けた。私も本気だ。なぜか？　それは、日本電産において経営管理や人事で関わった中で、『もっと磨けば、もっと活躍できたのに』という人材が多かった。だからこそ、この大学では社会で本当に必要とされる人材を育てたい」と、浜田氏は語る。

## 浜田氏が永守氏に共鳴するわけ

### 純粋で人間味がある。そして裏がない

永守氏の存在とは何かと聞くと、浜田氏は一言でこう言った。

「私の人生の中で、たった1人の『上司』です」

もちろん、新卒で入行した旧三菱銀行にも日本電産にも多くの上司がいたが、「自分が心から仕えたと思える人は永守会長しかいない」と浜田氏は断言する。

「なぜ彼に従うことができたか? 正直、反発を感じることが全くなかったわけではない。彼から褒められたことが一度もなく、『よくやったな』といったねぎらいの言葉をかけてもらったことも記憶にない。部下に対しては叱るというのが彼のスタイル。この大学でも私が永守会長の〝サンドバッグ〟状態で、『永守代行』どころか、『代表叱られ係』だ。だけど、普通の人にはない魅力がとてつもなく強い。20年近く、ずっと彼の直属として仕えてきたから、彼ならどう考えるかをかなり分かるようになった

気がする。たとえ、表面的な言葉は違っても、彼の本心がどこにあるのか、おおよその推測はできるようになってきたと思うし、それを自分自身で納得し、理解もできるから、彼に付いていけるのでしょうね」（浜田氏）

## 思い、目標に共鳴できるからこそ付いていく

副理事長として大学の現場の責任を任されているが、「永守理事長から私に対しては『任せた』と一言も言われていない」と浜田氏は笑う。「それでも、こちらは任せられたつもりで、とにかく結果を出せばいい。永守理事長からは怒られなければ『褒められた』ことだと勝手に解釈している。彼の大学改革に関する思いは本気だ。そのビジョンを共有し、私自身、彼の目標に心から共感しているからこの仕事を遮二無二やっている」。

浜田氏はこうも続ける。「**永守理事長は、世界のビジネスで戦ってきて、世界の若者と日本人の若者との実力差にあまりにも乖離（かいり）があることを憂えている。語学一つ見てもそう。一流大学を出ても英語すら話せない。日本電産でも社内で英語を**

**教えたり、会社に入ってから専門的な知識を覚えさせたりしているが、我々から見ると、そんな悠長に構えていては世界の競争で勝ち抜いていけない。永守理事長の言う通り、グローバル社会で日本が生き延びていく、サバイブするためには今の教育ではダメだ。彼はこれまでもそう言ってきたが、世の中は一向に変わらない。だから、自分の手でやるんだ、と。やってみせるしかない。やってみて、『どうだ?』と風穴を開けてやるんだ、と。これをこの大学で実現しようとして、我々以下に何度も何度も言って聞かせている**」。熱を持って語る浜田氏は、まさに永守氏の代行者だ。

「日本電産での仕事をあと5年続けてくれと言われたら、私の中ではやり尽くしたのでお断りしたでしょうね。人事を担当しながら『もっと磨けば、もっと活躍できるのに』という日本電産時代のもどかしさがあったからこそ、私も永守理事長と共に学生の段階から人材育成をしていきたいと思った」。そう浜田氏は語る。

Interview

心を揺さぶられた、永守氏からのメッセージ

# 「困難は、解決策を連れてくる」

これが永守理事長の言葉の中で一番好きなセリフです。約20年前、私が銀行を辞め、日本電産に入社するに当たって永守理事長に関する資料をいくつか読んでいたときに目に留まった言葉でした。直感的に、これはいいなぁ、と。日本電産で役員として人事統括を担当していた際、先ほども触れた社員の行動指針・規範「Ｎｉｄｅｃ Ｗａｙ」を制定するために過去の永守語録にすべて目を通しましたが、やはりこの言葉が一番ですね。私も試練を乗り越えていくことにやりがいを感じますし、この言葉が好きということは、なんだかんだで、永守理事長と気が合うのでしょうね。

これまで民間企業の一員だった私にしてみれば、大学経営に携わるだけでも大変なこと。加えて、この京都先端科学大学では既存の大学の枠を変えて、

これまでにない新しい大学をつくろうというのだから「困難」の連続です。最初に引き受けた時は、週に何日か顔を出せばいいかと思ったけれど、いざやり始めたら当然そうはいかない。だが、どんなに大きな壁が立ちふさがっても、必死に答えを探そうと試行錯誤して動いていると、方法が見えてくる。やり方が見えたら失敗を恐れずに動く。その段階で失敗したとしても、必ず解決策が見えてくる。困難から逃げずに立ち向かっていけば、人は成長できるということです。

とはいえ、永守理事長からは常に

極めて高い目標を求められ、いつも困難が山積みです。「これはちょっと無理かもしれない」とためらうと、「おまえはすぐにノーから入る！」と今でも責められています。

（浜田忠章）

Part 2

実録！
改革実行者
2

学長 前田正史氏

# 「変革人材を集めよ！」

前田正史（まえだ・まさふみ）京都先端科学大学学長。1981年、東京大学大学院工学系研究科博士課程修了。工学博士。東京大学生産技術研究所教授、所長を経て、2009年、東京大学理事・副学長就任。15年、日本電産生産技術研究所初代所長に。19年、京都先端科学大学学長に就任。著書に『大学の自律と自立』（丸善）、『"Advanced Physical Chemistry for Process Metallurgy"』（1997 Academic Press. N. Sano, Wei-Kao Lu, Paul V. Riboud, and M. Maeda 共著）などがある

## 永守氏と大学国内最高峰を知る男

副理事長の浜田忠章氏が組織改革の肝だとすると、学術面で京都先端科学大学の変革をけん引するのが学長の前田正史だ。彼も、永守氏の大学改革のビジョンと熱意に

共鳴した一人である。

前述の通り、永守氏が130億円以上の私財を投じて、本気で挑む大学経営。精魂を傾けるこの大学に関して「学術関係など具体的な大学運営は前田学長にすべて任せている」と、永守氏が全幅の信頼を寄せている人物でもある。

前田氏は、東京大学大学院工学系研究科博士課程を修了後、東京大学生産技術研究所（東大生研）の教授を経て所長となり、2009年には東京大学理事・副学長まで登りつめた。大学畑にいた前田氏だが、ひょんなことから永守氏と出会うことになる。

「私の後輩で、シャープの社長から日本電産に行った片山幹雄さんが、永守さんを東大の生産技術研究所に連れてきた。私が所長だった頃、当時シャープの役員だった片山さんと共同研究を積み重ねており、彼も頻繁に研究所に出入りしていたので研究所については詳しい。彼が14年に日本電産に入ったとき、永守さんにも生産技術の研究所に関心を持ってもらおうとし、『実際に見に行きませんか』となったという」と前田氏は振り返る。そこで、永守氏が東大生研を視察する際の案内役を前田氏が担うことになった。

この東大生研は、第2次世界大戦中に軍事産業を支える工学者を養成するために設置された東大第二工学部が母体となっている。大学に附置された研究所としては、日本最大級の規模を誇り、国内外の研究者の数は1100人を超える。永守氏は淡々と見て回っているように見えたが、前田氏は後に、片山氏から永守氏が「大学の研究所でもここまでやるのか」と驚いていたと聞いた。

## 永守氏から寝耳に水の「研究所所長」就任依頼

前田氏が度肝を抜かれたのはこの後だ。ただの視察と思っていたが、永守氏の訪問から数カ月後の15年1月、日本経済新聞に「日本電産、生産技術研究所を設立。200億~300億円投資」という記事を見つけたからだ。予算から見てもかなりの規模。しかも、記事には「東大の生産技術研究所のように、モータだけでなく自動車部品なども含めたものづくりに関わる幅広い技術を研究開発する」とし、「外部人材の起用を含めて研究所トップの人選を進めている」とある。前田氏は当時のことをこう話す。

「すぐに片山さんから電話があった。『前田先生、日本電産が生産技術研究所を設立するという話、聞いていた?』と。いやいや、もちろん初耳だよ、と。寝耳に水とはまさにこのこと。互いに記事で知り、驚いた。その後、片山さんに永守さんから1本の電話があり、『新しい研究所に関しては君に任せる』と言われたそうだ。その後、私にも永守さんから直接『研究所の設置に協力してほしい』と依頼があり、驚いた」

当時、前田氏は副学長として東大に在籍していたが、翌年には退任が決まっていた。そこで、東大に在籍しながら非常勤として週1回、京都で研究所設立の準備に関わり、開設後は所長の職を担うことを受諾した。前田氏にとっては、日本電産の研究所所長への就任は予想だにしなかった展開だ。永守経営の真骨頂である「すぐやる、必ずやる、出来るまでやる」を体現した、永守氏の行動力と大胆さは、鮮烈な記憶を持って前田氏の脳裏に刻み込まれている。

その後、日本電産生産技術研究所は、京都・けいはんな学研都市にロボットやAIなど日本電産グループの生産・技術開発を担う中核拠点として、翌16年に着工が決まった。「思いがけない展開だったが、東大の研究所を見たうえで決めた話ならば、私が持つイメージと大差はないだろうと思った。それに、新しいものをつくり上げることは非常にチャレンジングなこと。私自身、楽しみながら研究所の構成を練っていた」と前田氏は笑顔を見せる。

## またしても寝耳に水。「大学を君に任せたい」

運命は面白いものだ。再び、思いがけないことが起きる。前田氏が東大を退任し、研究所が着工され、本格準備に入った16年末のこと。このタイミングで、くしくも永守氏は、京都学園大学の前理事長である田辺親男氏から大学経営の打診を受けることになる。永守氏は、「大学のことは前田先生が詳しいからいろいろと意見を聞いたほうがいい」と、浜田氏に告げたという。

そこで、前田氏は大学のアドバイザーとして、大学運営や新設する工学部について提言をすることになる。永守氏からは、学長の人選にも協力してほしいと要請され、前田氏は学長の推薦者リストを作成し、永守氏に渡した。

数日後、前田氏は永守氏に突然呼ばれ、開口一番、こう言われた。

「もう時間がない」

「時間がないとは、どういうことでしょうか」

「今さら、新しい人と大学をやるのもしんどいな」

「学長の人事ですか」

「前田先生、大学をやってくれないか」

「え、研究所はどうするんですか？」

「それは何とかする」

永守氏の東大の研究所視察から舞い込んだ研究所所長の話にも驚いたが、さらに大学の学長へ――。前田氏はこの時のことをこう振り返る。

「永守さんという人は、本当に〝人たらし〟だと思いましたね。こちらは学長候補リストを出したのに、やっぱり君でもいいというわけで。新しい人とやるのはしんどい、と弱みを見せながらさりげなくやり方もうまい」

永守氏が大学経営に乗り出したきっかけの一つは、企業で活躍できる優秀なモータ研究者を大学で育てたいと思ったからだ。その点、前田氏は東大生産技術研究所の所長も務めた工学のプロフェッショナルであり、なおかつ東大の元副学長として日本の大学最高峰を知る人物。研究現場から大学の運営まで熟知している。永守氏から見れば、この大学の学長として、これ以上の適任はいなかった。

こうして運命の糸に導かれるように、カリスマ企業経営者と元東大副学長が夢のタッグを組み、「新しい大学の在り方」を世に打ち出すことになった。

## プロダクトアウト型の大学教育から脱却せよ

永守氏が莫大な私財を投じてまで大学経営に乗り込んだのは、「いわゆるブランド大学を出ても英語すら話せない。本当に欲しい人材を大学は送り出していない」という大学教育に関する不満が根底にある。社会で戦える実践力を徹底的に鍛え上げ、新しい大学を自らの手でつくって風穴を開けたいというのが永守氏の考えだ。

くしくも、学長に就任することになった前田氏も東大で教壇に立っていた頃から「大学は企業が求める人材を送り出していない」という問題意識を抱え、大学教育の在り方に疑問を持っていた。思わぬ展開で結びついた2人だが、大学の在り方に対して、同じ課題意識を抱えていた。学長として、これまでにない「大学」をゼロからつくり上げるのは決して容易なことではない。それでも前田氏が新たな大学像をつくり出すという挑戦に打って出たのは、前田氏もまた永守氏と同じように工学教育に関するもどかしさや不満を感じていたからだ。

19年度に京都先端科学大学誕生とともに学長への就任が決まった前田氏。永守氏の思いをどう解釈し、どう動いたのだろうか。

学長の前田氏は、永守氏と共に教職員へ大学の目指すべき方向性などを根気強く説明し、ベクトルを合わせていった

**「永守理事長は細かいことは何も言わない。工学部開設にあたっても、『いい工学部をつくってほしい』と一言だけ。我々の仕事は、永守流の『いい』とは何かをそしゃくし、それを具現化する。それが現場にいる人間の仕事だと思っている」（前田氏）**

永守氏がこの大学で実現したいことは、社会での実践力を持つ人材を育てること。前田氏が考えている理想の大学教育も永守氏と同じだ。前田氏は今の日本の大学教育の問題点をこう指摘する。「これまでの日本の大学教育は『プロダクトアウト』型で行われてきた。つまり、自分たちが考える大学本位の教育を行っており、企業側が求める学生を育てるという視点、つまり、『マーケ

ットイン』の発想が欠けていた」。

学生に対する教育だけでなく、研究面においても大学はプロダクトアウト型だ。社会のニーズを捉えておらず、ジグソーパズルの1ピースが欠けているために企業側が製品化できない、サービスが実現できないものが山積している。社会が変わり、企業が変わり、人が変わる中で大学も変わらなければいけない。

こうしたプロダクトアウト型の大学教育に疑問を持ち、前田氏は研究をビジネスにつなげるべく、ベンチャー企業を立ち上げた経験もある。氏が東大の研究所にいた頃、当時、小松製作所の社長だった坂根正弘氏に言われたことが今も記憶に残っている。

「大学側の人間は『日本の産業界に貢献しています』『つくったものは無償で公開しています』と言うけれど、ビジネスとリンクしたことを研究しないと意味がない。大学だって税金をもらって研究をしているのだから、君たちもその研究がビジネスとして儲けてなんぼという意識を持たないとね」

前田氏はその通りだと思った。当時と比べると、近年は産学連携の流れも進んできたが、それでもまだ大学側は自分たち本位の教育や研究のプロダクトを続けており、マーケットが望むものは何かということに主軸を置いていない。

「企業側が研究面で苦しんでいるのに大学側には余力がある。逆に、大学はすごく苦しんでいるのに企業は余力を持って行っている研究分野もある。いろいろなミスマッチが日本にはあって、その両者をつなぐ術はないかとずっと考えていた」。前田氏は長年の思いをこう語る。

## 150年間続いてきた「工学教育」をぶっ壊す

このプロダクトアウト型の研究や教育を打ち壊すには、「大学教育の在り方を根本から見直さないといけない」と前田氏は檄を飛ばす。

「日本で今の形の大学ができて150年が経つが、学部学科の構成は当時のマーケットの分類に合わせた縦割りのカリキュラムのまま。学問の内容は変わっていても、例えば工学部なら、建築、土木、機械工学、石炭化学、石油化学、応用化学、材料系の冶金学の学科構成は当時と何ら変わっていない」(前田氏)。これはプロダクトアウト型教育を表す最たる例だ。しかし、現代社会においては、マーケットが変わり、1つのものをつくるにも幅広い知識が必要な時代になっている。当時と比べて、学生が学ぶべき領域は大きく、そして縦横無尽に広がっている。

例えば、自動運転デバイスやロボットの研究をするには、従来の縦割りの工学教育では包含できない。ハードウエア1つとっても必要な要素技術は多岐にわたるうえ、ソフトウエアの知識も必須。それだけでなく、ロボットなどが社会に溶け込む世界を想定すると、人との共存をいかに図るかがカギになる。法整備やルールづくりといった社会科学的な分野に加え、人間心理や人間行動学といった人文学的なアプローチも必要だ。また、健康医療の分野には膨大なデータが眠っているが、工学部のデータサイエンスのアプローチを組み合わせることでイノベーションが生まれる可能性もある。

そして、この分野横断的な学問こそ、社会で実践的に役立つ人材の育成につながると前田氏は考えている。「永守理事長は『決算書を読めない人間が経済学部を出ているなんておかしい』とよく口にしており、読めることだけを目指すのなら専門学校や職業訓練校でもいい。それに加えて、この基となる決算書の新しいバージョンを生み出せる力を身に付けることまでが、大学で学ぶということ。実践力というと、専門学校のように何か特定の技術を身に付けることのように誤解されがちだが、それは違う。実践力とは、与えられた環境の中で、課題を解決するための道筋を自分自身でつくれ

大学の学術面を学長として引っ張る前田氏。長年の工学教育に対する思いを新鋭工学部で形にしている。写真は南館（工学部棟）ロビーにて

るということ。新しいスキルを開発できる人材だ。重要なのは、これまでの大学のように専門分野だけを学ぶのではなく、分野横断で広範囲に学ぶこと。こうして学んだ技術や知識があれば社会で十分応用できる。これが真の実践力へとつながっていく」

こうした分野横断型のコーディネーションは教授陣だけではなく、前田氏自らも行っている。研究者がいろいろなことに手を出すと足元が揺らぐからだ。「彼らは徹底的に研究を深掘りするオタクであってほしい。その代わり、将来的には企業の事業開発者のような包括的に必要なものを見通せる人をコーディネーターとして迎え入れることも検討している。幅広く学べる融合された

カリキュラムを、この大学で実現する。これまでの大学150年の歴史をぶっ壊す気概で挑んでいる」と前田氏は力を込める。

## 東大・京大とは違うやり方で学生を伸ばす

ただし、すべての大学が横並びの教育を行う必要はない。前田氏はこう補足する。

「東大や京大のトップレベルの学生であれば、冗長度を持ちながらやっていくのも一つのやり方だ。事実、東大時代にもマーケットインへと改善する動きもあったが、大きな流れにならなかった。なぜなら、東大では大学の組織の力を借りずとも、教員は個々でベンチャーキャピタルと組んで事業を行っているし、学生は自分たちの手で学問をうまく取捨選択して賢く学んでいるからだ。そうした人間が集まる大学はそのままでいい」

だが、世の中の大半の学生は、フォアグラづくりのガチョウみたいに専門分野だけをひたすら詰め込んだところでうまくいかない。「特に、この大学を含めた中堅大学はマーケットインの思想で、社会が望むものに即した教育をするべきだ。そのほうが、学生たちが将来社会に出たときに大きな力になるはず。一部のトップの大学を除き、日本の大学はもう少し組織的に踏み込んで、全体的にベクトルを合わせ、共に底上げしていく必要がある。この大学では、マーケットが欲しい人材を十分見える形で教育システムの中でつくり上げていこうと考えている」と前田氏。その点でも、永守氏と前田氏は波長が合ったといえるだろう。

## 学部長を総入れ替え　基準は「変人」であるか

「人を変えることが最大のミッションだった――」

次に、前田氏が取りかかったのは学部長の刷新だ。京都先端科学大学は、文系は経済経営学部と人文学部、理系はバイオ環境学部と健康医療学部と20年4月に開設した工学部の5学部構成となっている。

教授陣を改革へと導くために、学部長の総入れ替えという大胆な人事を前田氏は実行する。自ら先頭に立ち、幅広い人脈と知見で新たな学部長を人選、直接声をかけ、すべて外から一本釣りした。永守氏が心血を注ぐ工学部のトップには、京都大学大学院工学研究科教授の田畑修氏、文系の看板学部である経済経営学部は京都大学の元副学長の西村周三氏、人文学部長には東北大学大学院文学研究科教授の佐藤嘉倫氏など、トップクラスの研究者たちが、大学の理念と前田氏の思いに共感し、集結した。

「学部長の人選ポイント？　それは変人です。専門分野を深掘りする学問好きのプロフェッショナルの〝すごいオタク〟を集めた。田畑先生は民間企業出身でエジプトでも工学部をつくり、教べんを執るなど異色の経歴で、どの学部長も極めて優秀なうえに、型にはまらないエキセントリックな人たち」と前田氏。大学のキャッチフレーズは「トンガリ人材が世界を変える」。考える力をベースに、何か1つ際立ったものを磨いた優秀な人材を育てたいとしている。だからこそ、学部長もトンガリ人材を集めたのだ。最終的に人事は永守氏の判断に委ねられたが、全員に即、承認が下りた。

学部長と同時に教員陣も入れ替わりがあった。教員採用に関しては、信頼する各学部長の裁量に任せているが、リタイア後に第2の人生として就任するような教授は封印し、国際公募でやる気のある若手を国内外から積極的に採用した。結果、新しい大学をつくる意欲にあふれた30～40代の教員陣が世界中から集結することになった。「国立大学と違って、私立大学は教員人事もスピーディーに柔軟に対応できる。学部長以下、教員陣も意識の高いメンバーが集まってくれた」と前田氏は語る。

永守氏はかねてより**「頭のいい人を採るより、意識の高い人を採ったほうがうんと会社は良くなる」**と明言しているが、前田氏が集めた人材は、まさにこれまでの大学をぶっ壊すという気概にあふれた意識の高い人間ぞろいだった。

## 偏差値やブランドに負けるな。リベンジできる受け皿を

前田氏がプロダクトアウト型の大学教育に関し、「社会で活躍できる実践力のある人材を育てていない」という永守氏と同じ課題意識を持っていたことは先に述べた通りだが、前田氏がこの改革に挑む理由は他にもある。永守氏の考えと同じく、偏差値で学生がランク付けされ、大学のブランドだけで人生が決まるかのような社会に対する反発だ。

暗記やテクニック先行でほとんどが身にならない受験勉強に明け暮れ、何とか一流大学に入ったものの大学では勉強しない学生。入試段階の偏差値は多少低くても、大学に入ってから実のある学びを行っている学生。この両者なら後者のほうがよほど社

会に出てから力になる、と前田氏は考えている。

**「偏差値による輪切りは積み重ねのようなもの。今の時代、裕福な家庭の子は小学生のときから塾に通い、進学校に進み、俗にいう〝いい大学〟に行き、名の通った企業に入る。塾に行けずにそこから漏れた子たちは何となく高校に入り、何となく大学に入り、何となく企業に入る。どこかでリベンジしたり、チャンスをものにすることがない人生なんて、あまりにもつまらないだろう」**。まさに永守氏と同じ憤りを感じていた。

そして、この大学はその「受け皿」としての役割があると前田氏は考えている。すべての教科が得意でなくてもいい。工学部の講義は1年生から英語で行われるが、入試の際に英語の基準点は設けておらず、大学に入ってから学べばいいというスタンスだ。多少の苦手科目があっても、好きな気持ちがあればなんとかなる。「永守理事長自身、小学生の頃は先生から褒められたことがなかったが、唯一モータづくりだけは褒められたと聞く。その頃から抱き続けたモータへの熱い思いがあったからこそ、今につながった。永守理事長も工学部長の田畑先生も私も、『入試の段階で英語ができなくてもいいじゃないか。理科が好きで、工学を学びたいという思いがあればいい』と思

学生たちがつくったカタパルト（射出機）。実際に卓球ボールを発射する様子は、ウェブオープンキャンパスでライブ配信された

っている。これが我々3人の共通した考えだ」。前田氏はこう思いを語る。

その代わり、大学では徹底的に勉強させる。勉強しない学生には、容赦なく落第が待っている。「偏差値や入試レベルに対し、学びの内容や求めるものが高度ではないか」と指摘されることもあるが、「心配は無用」と前田氏は断言する。

「工学部なら数学と物理は基本を重視し、通常の大学の1・5倍の時間をかける。英語や数学でついていけない学生には学習支援室で個別にサポートする。東大・京大のトップクラスの学生は別だが、大学の偏差値は受験テクニックで上下しやすい。入学時の偏差値と大学で受ける教育は別モノ。本人の意欲さえあれば、問題なくついていける」と前田氏は言う。

同大学の学生の意欲が垣間見える出来事がある。20年度のオープンキャンパスでは、開設したばかりの工学部に1期生として入学した1年生有志が3DのCADソフトを使い、自分たちで「小型カタパルト」を作成した。新型コロナウイルスの感染拡大による自粛期間中だったため、各自が自宅で形状や強度などを考えながらそれぞれに工夫を凝らし、オリジナルのカタパルトを設計。大学の3Dプリンターで制作し、ピンポン玉を飛ばしてその距離を競い合った。設計初心者の学生なども試行錯誤を繰り返し、完成までこぎ着けた。こうした作業一つ見ても、偏差値よりも「ものづくりが好き」という思いや「発想力」のほうが重要なのが分かる。

工学部には基礎系のカリキュラムも多いが、「中には、それでは飽き足らないという学生がぴんぴんと出てくる」と前田氏は期待している。「こうした学生をさらに徹底的に鍛え上げていく。数学、物理、コンピューター言語の基礎を磨き、英語もしっかり学ぶ。意欲さえあれば、自分が必要なスキルがどんどん身に付き、能力も伸びる。この大学にはその仕掛けがある」と言う。

## 学生の「チーム力」を生む日本初のプロジェクト

基礎を徹底的にたたき込むカリキュラムの導入と同時に、実践力を高める独自プログラムも開発した。工学部に日本で初めて本格導入した「キャップストーンプロジェクト」だ。これは、学生に実社会を意識させる斬新な取り組みで、卒業研究の代わりに3年次と4年次に実施する。50社以上の企業から課題を募り、1つの課題に対し、学生たちはチームで1年かけて解決策を見つけ出す。前田氏は導入の目的をこう語る。

「企業では、チームで問題解決に取り組むことが多い。社会に出たら、単に偏差値が高い、積み上げ型の学習能力が高いというだけでは通用しない。調査力やリベラルアーツを含むあらゆる知識やリーダーシップなど、社会人として必要な総合的な力をこのキャップストーンを通じて身に付けさせる」。実習を通して、学生でも世の中の役に立つものがつくれるという自信を持ち、こうした経験を重ねることで、自分で会社を興そうという気概ある学生を生み出していくのも狙いの一つだ。

このプロジェクトでクリアするには、チーム力が問われる。「チームがうまく回らないときはメンバー交代も想定している。学習能力が高い子と低い子もいるし、全員が

南館（工学部棟）の1階には、最新機器を備えた機械工房を設置。学生はいつでも使え、研究・製作活動に打ち込める

パスレシーバーでもうまくいかない。アメフトのように、人にはポジションに応じた役割がある。社会においても、それぞれの特性に応じた生き抜き方がある。キャップストーンの取り組みをしながら、自分が力を発揮できる場を探していく。こうした活動を通して、学生たちは社会でどう生きるのか、考えるようになる」（前田氏）。社会に出た際の組織づくりを、学生のうちから実務を通じて体験できるのは非常に大きい。

このプロジェクトを通じ、近隣のメーカーとの共同研究も推進していく。工学部には、NC加工機など基本的な機器に加え、最新の3Dプリンターなどをそろえる機械工房があり、提携企業や学生は自由に使える。

「中小企業の多くはリカレント教育（企業に勤めながら教育機関に戻って学ぶこと）をする余裕がない。例えば、そんな企業に工房を開放し研究開発を進めながら、代わりに学生をインターンシップとして受け入れてもらう。企業の中の人にとっても最新機器を使えるというメリットがあるのと同時に、学生は本当の現場を知ることができる」（前田氏）。このオープン化も実践力を育てる重要な要素だ。企業との連携は実社会に先んじて浸かる、いい機会になるだろう。

## 〝内なる国際化〟で若者の実践力を引き出す

永守氏、副理事長の浜田氏が共に必須スキルと語る英語の実践力を高めるため、工学部では大きなチャレンジに取り組む。ほぼすべての授業を英語で行う「ＥＭＩ」（English-Medium Instruction）だ。これは〝英語を学ぶ〟のではなく、〝英語で学ぶ〟というもの。一般的に、日本の４年制大学におけるＥＭＩの導入は、短期留学生受入プログラムや国際交流科目など、学部教育課程とは別の外郭的な位置づけにとどまっていることがほとんどだ。日本の工学部で、講義を英語で行っている大学は、東北大学工学部IMAC－Uなど一部に限られる。まして、工学部の全学部生すべてにEMIを実施する大学は日本では他に例がない。

このEMIには、英語の実践力を高めること以外にも、大きな狙いがある。それは、留学生を世界中から呼び込むことだ。

20年度に開設された工学部では、21年度から留学生を受け入れ、24年に留学生比率を50％にまで引き上げる挑戦的な計画。EMIを導入することで、日本語のハードルがなくなり、日本語が得意ではない優秀な留学生にもアプローチできる。日本は治安面や衛生面における評価が高いうえ、授業料は欧米の半分以下。さらに、京都には日本電産はじめ、オムロン、京セラ、島津製作所、大日本スクリーン、ニチコン、任天堂、堀場製作所、村田製作所、ロームなど独自の技術を持った優良メーカーが集まっている。留学生を呼び込むポテンシャルは大きい。また、「留学生は勉強への意欲が半端でない。向学心に燃えた留学生と肩を並べることで、ぼんやりしていた日本人学生も刺激を受けて頑張るようになるだろう。留学生による〝内なる国際化〟で学生をいっそう発奮させていきたい」と前田氏は隠れた狙いも語る。

## 「世界大学ランキング」で勝機あり！

海外からの留学生受け入れ数を増やす理由は他にもある。留学生比率が高ければ、大学のカリキュラムそのものが国際的な通用性を備えたものとして評価され、世界大学ランキングでも優位に立てるからだ。

世界大学ランキングとは、英国の高等教育専門誌「THE（タイムズ・ハイアー・エデュケーション）」が発表する「THE世界大学ランキング」のこと。単なる偏差値での序列ではなく、教育環境や研究面、産業への貢献に加え、外国人教員比率や外国人学生比率といった国際性などを加味する。現状、100位以内に入る日本の大学は、東大と京大の2校のみ。199位以内まで見ても、他のどの大学も入ってこない。「このランキングの199位以内に入れば『日本で3位』の大学になれる」と永守氏は語るように、同大学の当面の目標は、日本3位の座だ。「その後は、上位の2校を抜く」と、永守氏は語る。

前田氏もまた「一部の領域で東大・京大は抜けると思っている」と自信をのぞかせる。「日本の偏差値ランキングでは、ブランドにあぐらをかいているだけの大学も数多くある。人気があれば必然と偏差値は上がる。しかし、世界大学ランキングでは研究分野の実績が重要視される。我々のような新規参入の大学でも、風穴を開けることは十分可能だ」。

方法としては、まず分野を絞り込む。工学部のメカトロニクスやロボティクスの分野で圧倒的にフォーカスした研究を行い、実力を上げる。評価対象となる国際共同研究にも力を入れる。既に、海外の大学との連携協定を進め、スウェーデンの国立大学であるセーデルトーン大学と学術交流協定を締結。工学部のみならず、経済経営学部生や人文学部生の受け入れ、派遣を通じながら間口を広げて、研究分野を拡大する。「将来的には、海外の提携大学とダブルディグリー（諸外国と双方の大学で一定期間の教育や研究を行うことで双方の大学が学位を授与すること）も考えていきたい。双方の学生が互いの大学で研究すれば共同研究にもつながる。重要なレバレッジとなる。海外の研究者との共同研究には一層力を入れていく。研究面でも相乗効果が期待できる。工学部では3分の1が外国人教員だが、他の学部においても教員の国際化をさらに進めていくつもりだ」（前田氏）。国際研究に加え、留学生増による内なる国際化で、学生にもとことん刺激を与えていく。

## ブランド信仰の企業に喝！ もはや言い訳できない

大学の研究や教育内容の質が高ければ、学生は着実に育つ。しかし、子供たちが受験勉強に膨大な時間を割き、教育や学びの中身よりも世間的にブランド力のある大学に行こうとするのは、企業側にも大きな問題がある。

「結局、企業の採用担当者がブランドで学生を選んでいる。東大卒を採ったけどダメだった、というのは言い訳が立つが、無名大学の学生を採用して失敗しました、では言い訳ができない。企業は学生を採用する際、大学で学んだ能力もきちんと見てから採用しないといけない。そして学生もまた企業をブランドで選ぶのでなく、やりたい仕事ができるかどうかで見極めていく必要がある。一流企業といっても、時代は変わる。永守理事長が工業高校を出たときに成績の下位層は当時ベンチャー企業だった京セラや村田製作所に入社したというが、今では誰もが憧れる大手企業だ。日本電産もそうだろう。これだけ変化が激しい時代、10年、20年先はどうなっているか分からない。学生もまた本質を見極めることが重要になってくる」。前田氏はそう戒める。

## 前田氏が永守氏に共鳴するわけ

### 口だけでなく、目をかけ、手をかけ、行動する

永守氏は多忙な合間を縫い、毎週のように大学に現れる。進捗状況を見に来たり、教員と話をしたり、昼食懇談会でコミュニケーションを取りに来たり。

**「『また来たのか』と思うほど、永守理事長は大学に顔を出す。細かい仕事は我々のような現場責任者に任せているが、必ず現場に来て、状況を確認する。口先だけでなく、実際に目をかけ、手をかけ、行動する。だから、みんな彼についていこうと思う」**。前田氏は永守氏のことをこう話す。

大学に関する情報共有は月に4、5回話す程度だというが、「彼のすごいところは言葉を尽くさなくても考えが伝わるところ」だと前田氏は言う。「永守理事長は賢い。本当に頭のいい人だ。いろいろなものを取り込むスピードが非常に早い。永守理事長と一時間ほど話をすると、こちらの意見でいいと思ったことがあれば、瞬時に自分の頭

にインプットされ、それを自分の身にしていく。さらには、その先まで考えが行ってしまう。その柔軟性には驚かされる」（前田氏）。

日本電産の働き方改革を見てもそうだ。人の倍働くとうたっていたがむしゃらな会社が、今では残業ゼロを目指した働き方改革を行っている。世の中の動きを敏感に感じ取り、取捨選択し、その中でベストな方法を探りながら変化し、結果をきちんと出しているのだ。

人の接し方も柔軟に使い分けるのが永守流。「厳しい叱責に耐えられてこそ、共に厳しい経営をやり抜くことができる」という信念から、あえて**「幹部こそ叱って育てよ」**がモットーの永守氏だが、前田氏に対しては少し違う。

「私のように大学教員という別世界から来た人間に対して、永守理事長からは敬意を持って接してくれているように感じる。代わりに、永守理事長からの強い風圧は20年来の部下である浜田副理事長が〝サンドバック〟となって全面的に引き受けてくれている。古参の日本電産社員に対しては噂通りの厳しさだが、それも信頼されている証しでしょう。私に小言を言うこともあるが、浜田さんに比べたら甘いもの。私自身、頑固な一面があり、永守理事長も外では『うちの学長は言うことを聞かない』なんて言っているらしいですが」。前田氏は笑いながらそう打ち明ける。厳しい経営方針やその気迫から何かと厳しいイメージのある永守氏だが、相手の立場やその背景に合わせて対応し、それぞれがベストを発揮できる方法で接している。部下を動かすためのリーダー論を熟知している永守氏ならではの横顔が見えてくる。

## 純粋な気持ちに共鳴　思いに裏が一切ない

学長の立場で多くの学生を見守る前田氏には、永守氏の言葉で共感した言葉がある。それは、**「ここにいる学生たちが、自分の好きなことや望むことを学び、自分がやりたいと思える職業に就かせてあげたい」**という言葉だ。

永守氏自身、小学生のときにモータと出合い、職業訓練大学校4年のときに、その後、日本のモータの権威となる見城尚志氏の指導を受けたことを機に精密小型モータの研究に傾倒した。モータを一生の仕事にすべく、給料はすべて貯金して独立資金を貯め、日本電産を立ち上げ、世界一のモーターメーカーへと駆け上がった。自分が望む仕事に就く面白さを誰よりも知っているのだ。

「永守理事長には私心がない。自分と同じように、ここにいる学生たちもこの大学を出て、やりたい仕事に就いてくれることを心から願っている。その純粋な気持ちは私も同じだ。工学に限らず、例えば、健康スポーツ学科に身体トレーニングの分野で活躍することを望む学生がいれば、その夢を叶えるための教育を大学で行う。学生が就きたい仕事に就ける教育をやってあげたいし、そのためにも人材を必要としているマーケットを見据えた学科構成とカリキュラムにしないといけない。やりたい仕事に就けない学生ばかりなら、そんな学部はやめてしまったほうがいい。多くの大学では今も『先生がいるから』『学問の領域として必要だから』という大学側の都合だけで存在する学部がある。そんな学部はもう生き残らないし、学生から見抜かれる」。前田氏は熱を込める。

こうしたトップの純粋な思いは、学生にも伝わっていく。「在校生向けに永守理事長が行う訓話はいつも満席。学生たちは熱心に耳を傾け、目の輝きがみるみる変わっていくのが分かる。質疑応答の時間では、和気あいあいと学生と盛り上がっている。オープンキャンパスの講演会では受験生とその保護者で満席。生の永守理事長見たさで長蛇の列ができる。講演終了後は名刺交換を嘆願する保護者も並んでいる」（前田氏）。

## 「永守理事長の夢を実現させてあげたい」

京都先端科学大学の初代学長として、前田氏は永守氏と改革を進めてきた。新しい大学をつくり上げている手応えを実感している。

「最大の支援者である永守理事長と私が『大学』というものに関して、同じ課題意識を持ち、日本の大学の在り方そのものを変えたいと思っているから非常にやりやすい。円滑に事が進むことで、改革の手綱を弱めずにスピーディーに行うことができる。今は、永守理事長の夢を実現させてあげたいという一心で取り組んでいる」(前田氏)。

夢を実現させてあげたい——。元東大副学長という輝かしいキャリアを持つ前田氏が、そこまで永守氏に熱い思いを寄せる源泉はどこにあるのだろうか。

「永守理事長の思いが純粋だからでしょうね。彼が大学改革を決意した原点は、教育に対する恩返しからきている。小学校の先生にモータの技術を褒められ、貧しい家庭で育ちながらも、中学校の先生が『工業高校くらい行かせてやってほしい』とお兄さんを説得してくれた。工業高校では『職業訓練大学校なら給費になるから行ってみたらどうか』と先生が周りや家族を説得してくれた。人生において節目となる重要な場面で、いつも彼は先生の存在に助けられ、教育を通して自分の人生を変えてもらい、今の地位がある。建前ではない、心の奥底から、自分が考える正しい教育をやりたいと思っている。口だけの人は腐るほどいる。だけど、彼は自分のキャッシュで130億円以上も出して、自らが先頭に立って変えようとしている。こんな人はいない。その姿を間近で見ているから、私も彼の夢の手助けをしたいと思う」(前田氏)。

Interview

心を揺さぶられた、永守氏からのメッセージ

# 「夢が少しずつ現実になってきたな」

これは、20年2月に工学部が入る京都太秦キャンパス南館の竣工式のときに、永守理事長からかけられた言葉です。

彼が大学経営に携わろうと思ったすべての発端は、大学の工学部をつくって優秀なモータ技術者を育てたかったから。既に私財130億円以上を投じたことでも十分に分かるように、この工学部は彼の夢の第一歩です。

工学部のスタッフと昼食懇談会をしたときも、彼は「工学部のメンバーは本当にいいチームだな」と喜んでいたと聞く。田畑工学部長をはじめ、納得いく人材とカリキュラムがそろい、そして、この日を迎えたのです。充実した設備が整った工房や教室が入った立派な建物を見て、非常に喜んでいましたね。そのとき、私の横にいた永守理事長から**「夢が、少しずつ現実になっ**

**てきたな**」と。一緒にこの大学のビジョンをつくり上げてきた私も、工学部が完成したことはうれしかったし、何よりも、彼と同じ夢を共有できて本当に良かったと感じた瞬間でした。

（前田正史）

Part 3

実録！
改革実行者
3

工学部長 田畑 修氏

# 「実践力のあるエンジニアを育てよ！」

田畑 修（たばた・おさむ） 京都先端科学大学工学部長。1981年、名古屋工業大学大学院修了後、トヨタグループの豊田中央研究所に入社。93年、名古屋工業大学大学院社会人博士課程で博士号を取得し、96年、立命館大学理工学部助教授を皮切りに大学教員の道へ。2003年、京都大学大学院工学研究科教授。19年9月、同大学を早期退職し、現職。ドイツやスイス、中国で大学客員教授を務め、エジプト日本科学技術大学の設置に関わるなど、多様な経歴を持つ。専門分野はナノ構造科学、マイクロ・ナノデバイス、計測工学

## 永守氏肝煎りの新鋭工学部、ここに立つ！

2020年4月、京都先端科学大学・京都太秦キャンパスで、新設の工学部がついにスタートを切った。永守氏が130億円を超える私財を投じた大学改革の本丸、待望

南館（工学部棟）1階の機械工房には、専門スタッフを配置。同館4階には電気電子工房もあり、ものづくりに没頭できる

の工学部の幕が切って落とされたのである。

新たに建てられた工学部が入る南館には、最新鋭の3Dプリンターやレーザー加工機などを備えた機械工房が設置され、学部図書館を含めて24時間いつでも利用可能、好きなときに学習や試作・創作に取り組める。さらに、キャンパスの随所にはグループワークに適した共用スペース「ラーニングコモンズ」が備わり、学びに没頭できる充実した環境が整う。20年の2月末に行われた南館の竣工式において、永守氏は「社会に貢献する大学をつくるという強い気概で教育に当たり、世界人財となる立派な学生を輩出する」と決意を新たにした。

工学部は「機械電気システム工学科」の

講義室に加え、少人数でのグループワークがしやすい「ラーニングコモンズ」などを各階に用意。オープンな交流を促す仕組みが随所にある

単科学部で定員200人。電気自動車、ロボット、ドローンなど未来の産業に欠かせない技術領域を視野に、分野横断的に工学の基礎やモータ技術などを学ぶ。20年度の第1期生は日本人のみだが、21年度から徐々に留学生率を増やし、24年度には1学年の半数を留学生にする予定だ。南館には留学生も受け入れる国際学生寮を併設。世界に開かれた工学部を目指し、講義はすべて英語で行い、教員の3分の1が外国人という国際色豊かな環境で、世界で通用するエンジニアを育てる。

この工学部のカリキュラム設計から教員採用に至るまで、ゼロから立ち上げる大仕事を任されたのが、元・京都大学大学院工学研究科教授の田畑修氏なのである。

## 京大教授として、そのまま〝上がり〟でいいのか

田畑氏はトヨタ関連企業で研究に従事していた際に、社会人博士号を取得。その後、私立大学を経て、16年にわたって京都大学で教壇に立っていた。だが、今回の新鋭工学部の設立プロジェクトに参加するために早期退職を決意した。国内最高峰の一角ともいえる京都大学大学院の工学研究科教授のポストを投げうってまで、なぜ飛び込んだのか。そのきっかけは、一本の電話だった。

それは、永守氏が京都学園大学（現・京都先端科学大学）を運営する京都学園の理事長になることが正式に発表された17年3月から3カ月後のある日のこと。当時、京都大学大学院の工学研究科長だった北村隆行氏から電話で突然呼ばれた。何事かと思って訪ねると、北村氏から1枚の新聞記事を見せられた。それは、永守氏が京都学園の理事長に就任し、新たな工学部を立ち上げるというものだった。

「田畑先生、この記事は見た？」

「いえ、今、初めて見ました」

「そもそも、京都学園大学は知っているか?」

「すみません、存じ上げておりません」

そう答えると、北村氏は事の経緯を説明し始めた。永守氏から、京都大学総長である山極寿一氏に対し、新しい工学部をつくるうえで支援の依頼があったという。そこで、山極氏から工学研究科トップである北村氏に話が回り、田畑氏にも一緒に協力してほしいと声がかかったのだ。数人の教員でチームを組んで協力するのだと思い、二つ返事で引き受けた。

2カ月後、再び北村氏から呼ばれると、「永守さんから大学の工学部長の候補者を挙げてほしいと頼まれている。君の名前を出していいか」と聞かれた。田畑氏はそのときのことをこう振り返る。

「この大学の工学部は20年4月の設置予定だと聞いていた。当時、私は61歳。定年まで5年あり、京都大学で教授生活をまっとうしようと思っていた。だから、自分が工学部長に選ばれることはないな、と漠然と感じていた。ただ、北村先生には候補者として出すくらいであれば構わないとお伝えした」

結果、北村氏が推薦者として名を挙げたのは田畑氏のみだった。「北村先生から『君を候補者として経歴をまとめて先方に送ったから』と言われ、『他の候補者の方は？』と聞いたら、『君だけだよ』と聞いて驚きました。そのときに、初めてこの仕事を受けるべきかどうか真剣に考えました。この新しい大学で自分が工学部の立ち上げに関わるべきか、そして関わりたいか――」。田畑氏はこう振り返る。

京大には定年まで勤め続けるつもりだった田畑氏だが、一方でキャリアとしては一つの山を登り切ったと感じてもいた。学生に対しては「1年後、5年後、10年後にどうありたいかを考えて行動しろ」と言いながら、自分自身は新たな夢を見失いつつあったのだ。安定した教授生活で何一つ不自由はない。だが、それでいいのか。この先、自分は何を目指すのだろう。この何年か、田畑氏はどこかでモヤモヤとしたものを持ち続けていたという。

工学部新設のプロジェクトは自分1人でやるものではない。このプロジェクトに関わる中心メンバーと自分が考える方向性が同じならば、引き受けるのもありじゃないか。田畑氏はそう考え、17年10月、北村氏と共に、学長に就任予定だった前田正史氏と、のちに副理事長となる浜田忠章氏と4人で会うことになった。

田畑氏はこの席で、すぐに「この人たちとなら一緒にやれる」と確信したという。「日本電産の永守会長が思い描く『社会で活躍できる実践力のある学生を育てる』という考え方、工学部と一言で言っても、大学によってすみ分けがあってもいいという前田学長や浜田副理事長の考え方には共鳴する点が多く、自分が抱えていた課題感と合致する部分が多かった」（田畑氏）。従来の工学部の延長線上であればつまらないと考えていた田畑氏だが、「これまでにない工学部をつくる」という永守氏の意気込みに共鳴し、「新しい工学部をつくる機会なんて、人生においてそうあることではない。これは千載一遇のチャンスではないか」と、その場で引き受けることを決断した。

## 新たなチャレンジの場へ　「より高い山を目指す」

民間企業を経て大学教員になった田畑氏は、従来型の研究第一の工学部のシステムや方向性など、社会とズレた大学教育に対して「何とかならないものか」と疑問に思うことも少なくなかった。これまで断片的に抱えていた問題意識が、この工学部の話が来てから頭の中にふつふつとよみがえってきた。こうした思いを凝縮し、1つの概念につくり上げ、新しい工学部を世に送り出すことができる。そう考えると武者震いがしたという。

「特に、前田学長とは同じ工学部で大学教育に携わってきた者同士、不思議なほど考えが似ている部分があった。前田先生が話すと、『そうだ、その通りだ』と思い、私が話すと前田先生が『その通りだ』と言う」。工学教育に関する同じ思いが、2人の熱量をより高めていくことになる。「永守理事長も前田学長も私も、この大学では大学本位の学びでなく、企業側が求める学生を育てたいという考えは一致している。トップと同じ考えならば心置きなくまい進できる。この人たちとなら新しい工学部を立ち上げることができると、自信がみなぎってきた」(田畑氏)。

田畑氏の永守氏との初顔合わせは、前田氏らと会った約2カ月後の年末。日本電産の本社で工学部長の候補者として紹介され、その後、前田氏と浜田氏と北村氏と共に会食をした。その席で永守氏は、自分がどんな大学にしたいのか、どういう人材を育てたいのかを熱く語ったという。そして、その夜、浜田氏から電話があり、正式に工学部長として任命されることになった。

「そのときの思い？ 登るべき山を見つけたという感じですね。京大教授として1つの山は登り切った。だから、次は違う山に登ろうと。いわば〝永守山〟です。遭難するかもしれないし、滑落するかもしれない。だけど、頂は高く、大きくて登る価値のある山だと思えた」。田畑氏はそう語る。

## 永守氏が一発OKを出した、新鋭カリキュラム

京都先端科学大学の最大のコンセプトは、社会で力を発揮できる、実践力のある人材を育て上げることだ。そのために4年間のカリキュラムをどう組み立てるべきか――。田畑氏は、永守氏と会った翌月である18年の正月休みに自宅に10日間こもった。工学部の4年間にわたる前後期の合計8学期分の授業構成を練り上げるためだ。

田畑氏が工学教育で課題だと思っていたことは、大きく分けて3つある。1つは、機械や電気など、従来型の学科構成をそのまま継続し、産業の変化に追い付けていないこと。2つ目が、実践力を付けるためにはPBL（Project Based Learning）型授業と呼ぶ、企業や学生自身が設定した課題の解決にチームで取り組む問題解決型学習が有効と言われながらも、実際には取り組みが進まないこと。3つ目は、実践的な英語

力が身に付かず、国際化が進まないことだ。こうした田畑氏が断片的に抱えてきた課題感を煮詰め、4年間のカリキュラムで解決できる手法を徹底して考え抜いた。

その後、京大教授や前田学長など5人をアドバイザーに据えたワーキンググループで議論と修正を重ね、2月に最終形のカリキュラムが完成する。結果的にその8割以上は、田畑氏が正月休みに集中してつくり上げた原案を生かしたものだった。

完成するや否や、永守氏にプレゼンテーションをすることとなった。資料を手渡しながら、表紙に書いた『既存の工学部教育の枠組みにとらわれない、斬新かつ魅力的なカリキュラム』という題目を読み上げた途端、永守氏は「これはいい！」と感嘆の声を上げたという。「資料を渡したときに、身を乗り出して資料に食らいついたときの永守理事長の反応がとても印象的で、今でも目に焼きついている。そのとき、心をつかんだな、とホッとした」（田畑氏）。プレゼンでは、このカリキュラムにはどんな狙いがあるか、どういう人を育てたいかといった根本的な話に加え、大まかな構成や専門科目、実験・実習の内容など、一通りの説明を行った。さらに、社会に出て役に立つエンジニアを育てるために、分野横断的な学びを取り入れることも説明した。

詳しくは後述するが、最後にこの工学部の最大の特徴でもある「キャップストーンプロジェクト」の話をすると、永守氏は満足気な顔をしてうなずき、田畑氏がつくり上げたカリキュラムに一発でゴーサインが出た。

## 分野横断カリキュラムで自由に学びを

前述の3つの課題には、それぞれ斬新な手法で解決を目指す。

まず、1つ目の学科構成の枠組みが時代に合っていない点については、分野横断で学べることを重視した。そのため、工学部ではカリキュラムに高い自由度を持たせている。従来の工学部の場合、たいていの学生は自分が専攻した領域の学問の勉強に終始しがち。一般的な工学部で機械工学科を専攻した場合、学校の仕組み上は電気工学科などの講義も受けられるが、〝越境〟してまで受講しない学生がほとんどだ。それに対し、京都先端科学大学の工学部は、単科ではあるが、工業力学、制御工学、モータ工学、材料力学、電池工学など多彩な13の専門分野を内包し、自由に選べる幅を広く持たせている。モータ工学といっても、多様な基礎技術が関係し、応用範囲も多様にある。教員陣も多彩だ。パワー半導体やコンピューターサイエンス、計測工学、量子力学、材料科学、ロボティクス、数理科学、バーチャルリアリティーなど、さまざまな領域の専門家が集結している。

「学生の裁量で選べるようにしているのがポイント。『電気自動車分野』ならこれ、『ロボット分野』ならこれと履修モデルを提示はするが、枠は決めず、自分が何をやりたいのかを学びながら考え、選択できるようにした」と田畑氏は狙いを語る。

## 体験・実践重視の講義で好奇心を刺激

2つ目の課題である、実践力を養う学びについても、田畑氏はさまざまな工夫を仕込んでいる。

講義は体験・実践型を中心にし、事前に予習して得た知識を使って授業で議論して理解を深める『反転授業』や、グループワークを積極的に導入している。中でも、入学してすぐに行う実践型講座「デザイン基礎」は面白い。この講義では、「ロボット」「ワンボードマイコン」「ウェブアプリ」のいずれかを学生が自ら選択し、自分自身で設計し、つくり上げる授業を行う。

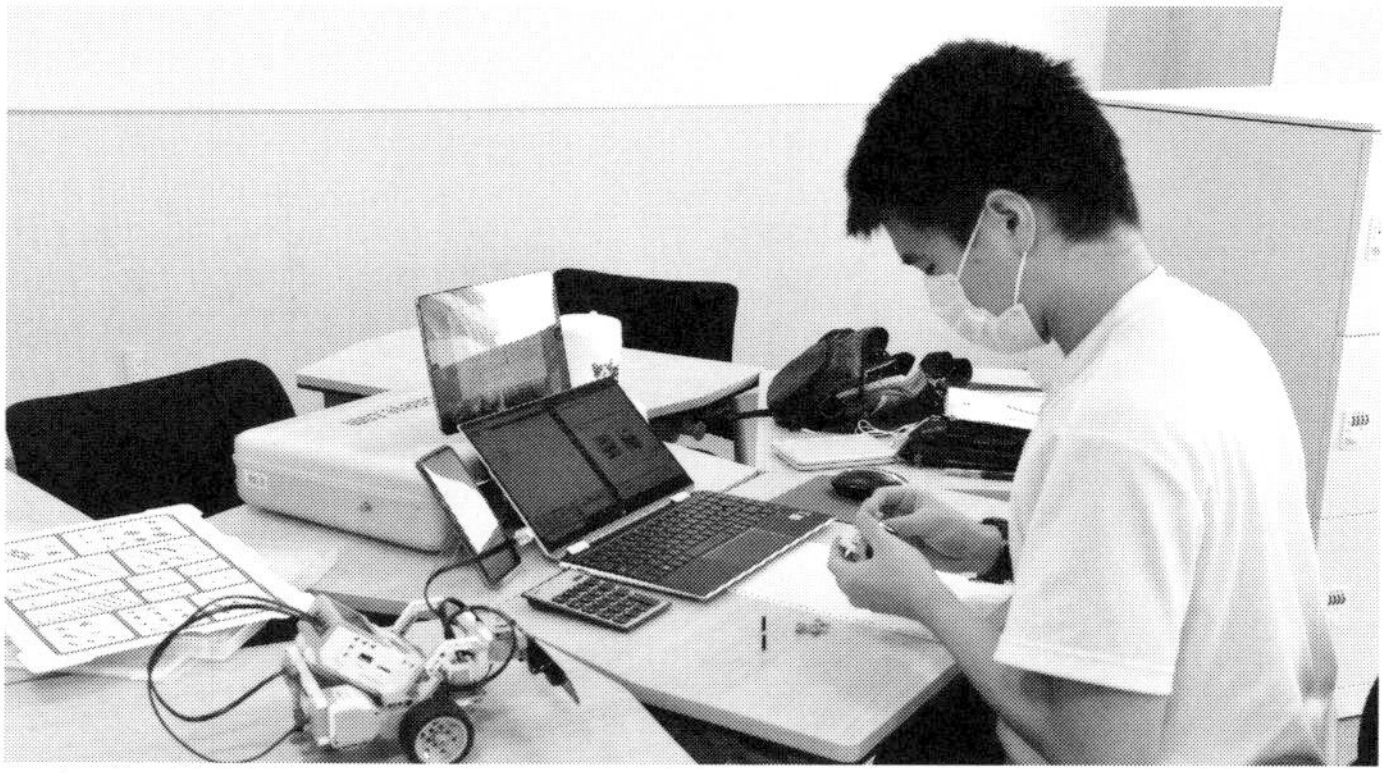

工学部1年の「デザイン基礎」の講義を受ける学生。今年は、新型コロナウイルスの影響で、オンライン形式で受講している

「まずは自分の手でこんなことができるという成功体験を持たせる。そうすることで、学生のモチベーションを高め、将来、自分が学んでいく専門科目がいかに自分にとって大事かを知ってもらう機会にする。京大で教えていたとき、入学したばかりの学生はみな輝いているのに、夏休み明けにはもう目が死んでいる学生がいる。工学部に入る学生はものづくりが好きな学生が多いのだが、味気のない机上の講義が続くと興味がそがれ、その間に学生たちはアルバイトやサークルなど他のことに目が向いてしまう。だから、まず自分でものづくりができる講義を取り入れることにした」。田畑氏は自らの経験からこう語る。

これまでロボットやアプリをつくった経験がない学生でも、教員の助けを借りながら自分の〝作品〟をつくり上げる。その感動が好奇心を生み、さらに「自分一人でつくれるようになりたい」という学習意欲へとつながる。こうして講義自体にも興味を持たせる仕掛けだ。

「講義を一旦始めたら変えるのはエネルギーがいる。だからこそ、工学部がスタートする前に講義のやり方から徹底して見直した」と田畑氏。講義の刷新に当たって、全教員が、中学・高校の教育実習さながらお互いの講義を見せ合い、互いに意見を交わし、より良い講義の形にするよう改善を重ねていった。「私もだが、自分の講義を同僚に見せたり、ダメ出しされたりするのは抵抗がある。だが、そこはぐっと堪えてもらった。こうした取り組みも、今までにない形を追求する新しい工学部だと理解して参加しているメンバーだけに、前向きに取り組んでくれて感謝している」。田畑氏の思いに教員陣も共鳴し、変革につながっている。

さらに実践力育成で象徴的なのが、「キャップストーンプロジェクト」だ。理系学部にとっては特に重要な位置づけとなる卒業研究（卒研）に代わる新制度。これは、企業が抱える具体的な課題に対し、学生がチームを組んでその解決策を探るというもので、工学部で本格導入するのは日本初の試みとなる。企業の活動や課題解決を通して社会を知り、必要な力、実践力を鍛え上げていく。

## 〝英語を学ぶ〟から〝英語で学ぶ〟へ 世界へ門戸を広げる

3つ目の課題は、英語学習と国際化だ。徹底した〝話せる〟英語の教育を1年次に実施することに加え、工学部ではより先進的で斬新な取り組みを導入した。それが、前述した、すべての講義を英語で行う「EMI」(English-Medium Instruction)だ。〝英語を学ぶ〟のではなく、〝英語で学ぶ〟ことを指し、研究の世界でもビジネスの世界でも共通言語といえる英語で学習し、議論することで、まさに実践的な英語力を身に付けさせる。EMIを採用することで、国内のみならず海外まで含めて広く世界に門戸を開いていることになり、優秀な外国人留学生の獲得や、真の意味での大学の国際化を果たす強力な武器にもなる。工学部では21年度から留学生を40人募集し、24年度には工学部の留学生比率を50%にまで引き上げる。

他大学でも、日本語ができない留学生向けのコースが昨今では増えている。だが、日本人学生と隔離されたプログラムであることが多く、共に学ぶことも交流を持つ機会も少ない。一方、この工学部では、日本人と留学生が机を並べ、全く同じカリキュラムで同じ講義が行われる。

ＥＭＩは実践的な英語力を伸ばす手助けにはなるが、学術的な観点から見れば悩ましい面もある。専門領域に関しては日本語で教えた方が当然理解も早く、効率が良いからだ。しかし、それ以上に優れた点があると田畑氏は強く主張する。

「ＥＭＩの最大のメリットは、留学生と切磋琢磨（せっさたくま）し合いながら、広い視野を持って考えられるようになることだ。工学部では、グループワークを積極的に取り入れている。その際、日本人学生だけで議論するのと、文化的背景が異なる留学生が入り混じった中で議論するのとでは、理解の深さがまるで違う」

田畑氏は例として、水問題を上げる。

「水の浄化をテーマにした場合、先進国や新興国など、生活をする環境によって議論の内容や目的が大きく変わる。蛇口をひねるだけで、きれいな水が出るのが当たり前の国と、そうでない国。文化圏の異なる中で生活してきた人たちではそもそもの視点が異なるからだ。そのときに日本人の学生は、日本では困ることのないきれいな水を得られるために何をしなければいけないのか? どのような技術がいるか? という視点に初めて目覚める。EMIで一番大切なところは、この気づきです。これをやらず、単に英語で教えているだけでは意味がない」。こうした多方面にわたる広い視点を持って物事を考えることが、真の国際化につながるというのが田畑氏の考えだ。工学部のある京都太秦キャンパスの南棟には、国際学生寮も併設され、国内学生と留学生が生活をする。日常的に触れ合うことで、内なる国際化を進めていく。これはまさに、永守氏が語る世界のビジネスシーンで活躍する人材にも必要な素養といえるだろう。

## EMI&永守イズムで、海外の優秀な人材を獲得

英語で講義を行うEMIは、優秀な教員を全世界から集める強力な武器にもなる。海外の研究者が日本でポストに就くうえで、日本語能力が大きな障壁になっていたからだ。田畑氏は、教員採用に関して、①国際公募、②推薦、③一本釣りの3パターンで進めた。中でも大学の方針である国際化を果たすために国際公募には力を入れ、何と採用枠の半数となる10人を海外から集めようとしたのだ。結果的に、海外から350

工学部の教員採用には国際公募を実施した。教員の3分の1が外国人で、非常に国際色豊かな組織になっている。年齢層も比較的若い

人を超える応募が殺到。EMIをベースにした新設学部であることに加え、グローバル企業を率いるカリスマ経営者・永守氏が経営していることも魅力に映ったのだろう。

「おかげで募集をかけてからわずか半年で、工学部に必要な分野の教員が勢ぞろいした。年齢層も30～50代でキャリアの面から見ても非常にバランスがいい。最終的に採用した21人の教員のうち、3分の1に当たる7人が外国人。イギリス、ドイツ、イタリア、トルコ、エジプト、パキスタン、中国とバラエティーに富んだ多国籍な面々がそろった」と、田畑氏は自信を見せる。

採用基準としては、研究実績はもちろんのこと、それ以上にこの大学の趣旨やユニ

ークなカリキュラムに賛同し、学生の育成に理解を示しているかどうかを判断材料にした。研究に力を注ぐ大学であれば、ほとんどの時間を研究に費やし、学生の教育は残りの時間で、といったケースもある。だが、この工学部ではそれは許されない。田畑氏はこう続ける。「正直、教員の負担は大きい。研究をしつつ、学生の面倒を見ないといけないからだ。さらに、日本人教員であっても講義や資料も会議まですべて英語。研究面では決していい条件とはいえないが、永守理事長や我々が願う、社会で活躍できる実践力のある人材育成を共に進めていこうという志の高い教員が国内外に大勢いることに驚いた。このことは私にとっても非常に心強く、自信を持って工学部の教育を進めていこうという推進力になった」。

## 「英語で講義」に、学生は本当についてこられるのか

実は、田畑氏によると、カリキュラムの初期構想時は、従来通り日本語の講義を前提に組んでいたという。しかし、世界を視野に入れた大学改革を進める永守氏にとって、留学生の受け入れは絶対条件。田畑氏は、前田学長からも「蟻の一穴でもいいいか

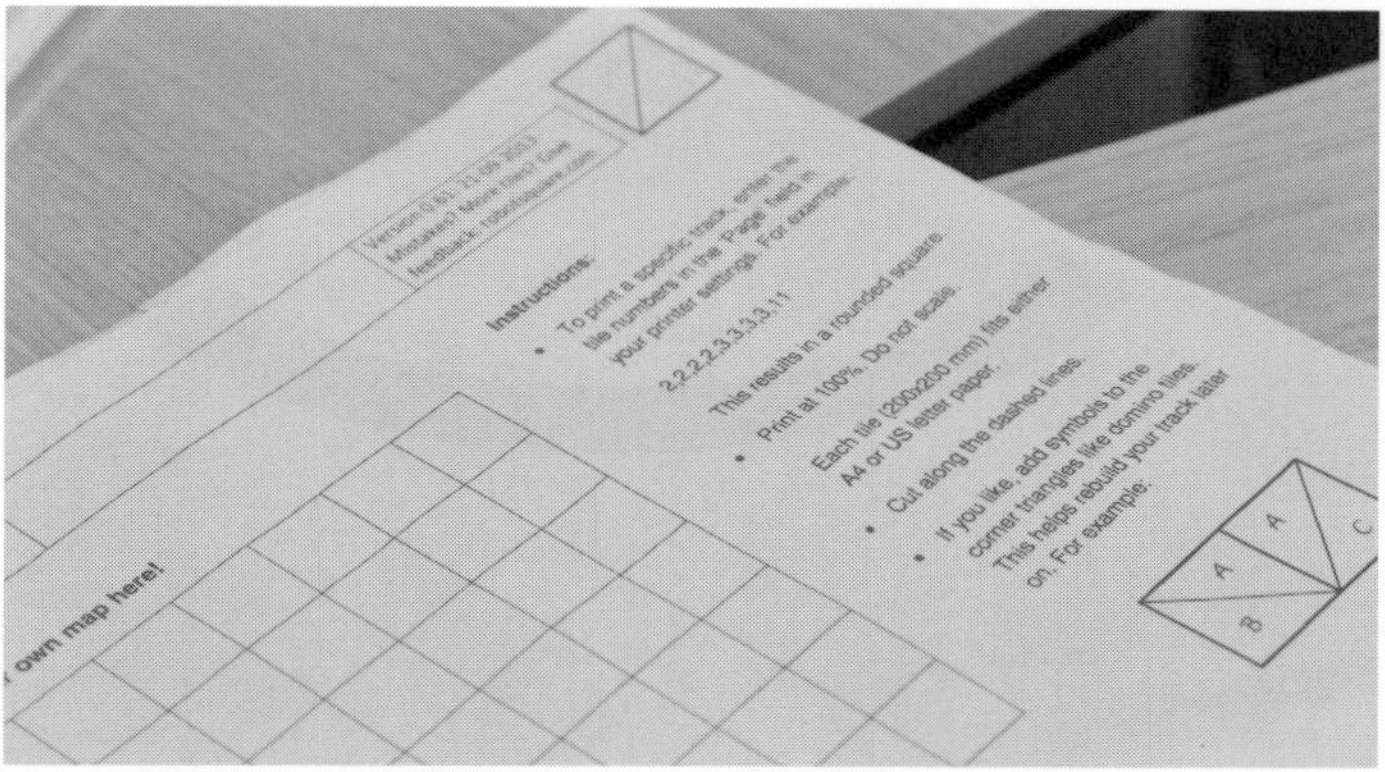


前述した工学部の実践的講義「デザイン基礎」のテキスト。講義も資料も、すべて英語で統一されている

ら留学生を受け入れる方向で進めてほしい」と言われていた。

しかし、留学生をたった1人でも受け入れる以上は、4年間で卒業できるだけの講義を英語で行わないといけない。日本語と英語の2回の講義を行うには、教員の人数を考えるとその負担はあまりにも大きい。まして、他大学よりも教育的なサポートを必要とすることを考えると、実現は極めて困難だった。どうするべきかと悩んだあげく、田畑氏がひらめいたのが、すべての講義を英語で行うという方法だったのだ。日本人学生も含めて、英語を母国語としないさまざまな国の学生に対し、共通で教えるための言語は英語しかない。日本に来る留学生は日本語がネックになることも多いが、英語で教えることになれば、留学生のハードルは下がり、日本人学生の英語力も鍛えられる。「まさに一石二鳥」(田畑氏)、起死回生の一手だ。

田畑氏は、日本人は4月入学、留学生は9月入学という〝時間差〟を利用し、日本人の学生に対しては、1年前期では専門科目をほとんど入れず、徹底的に英語を学ぶカリキュラムに変更した。工学部の英語カリキュラムは、英会話や文法以外にも学部で頻出する専門用語を学ぶ「工学英語」の授業も設け、1年前期は1日2コマ×5日の週10コマの時間を使って英語を履修する。英語が苦手な学生に対しては、個別に学習支援室でフォローするなどサポート体制も整えた。9月に入学する留学生たちと肩を並べて学んでも、同等に理解できるレベルにまで英語力を引き上げる仕組みをつくったのである。

20年度の第1期生に関しては留学生の受け入れはないが、入学当初から講義はすべて英語で行われている。資料ももちろん英語だ。入試では英語の基準点を設けておらず、学生は特別に高い英語力を持っているわけではないが、講義では英語を聞きながら驚くほどスムーズにペンやパソコンを動かして作業を進めている。図表など資料を見ながらの講義であることや、週10コマの英語講義を受けていること、また入学当初から英語の講義である慣れから「全部聞き取れなくても、どんなことを言っているか感覚的に分かる」と、学生たちは英語でも抵抗がない。分からない点があれば、個別にメールやTeams・Zoomでのオンラインミーティングなどを通して教員に質問したり、辞書や翻訳ソフトを使ったりしながら理解に努めている。講義を英語で毎日聞いていると、耳も慣れてくる。多くの学生が「わずか2カ月程度でも明らかにリスニング力が上がった」と、声をそろえていた。

## 社会人TAが徹底サポート　社会への接点をつくる

学生のサポートについてもきめ細かく整えている。TA（教員の補助業務を行うティーチングアシスタント）もその一つ。学生を手厚く指導するためには、少人数クラスで講義をするのが理想だが、全講義を対象にするのは現実的には難しい。そこで学生のきめ細かい指導補助ができるよう、TAを学生25人に1人の割合で付けることにした。21年度から入る留学生と議論をするときにも、TAが学生のサポートに入り、より理解が深められるように手助けをする。

斬新なのは、一般的に大学院生が担うことが多いTAを、あえて社会人に募集をかけて採用することだ。田畑氏はその狙いをこう説明する。

「想定しているのは、企業を退職した技術者や、一旦は家庭に入ったが復職を考えている理系女性人材など。社会経験があれば、『大学時代は、数学はさほど面白いと感じなかったが、社会ではこんな場面で役に立った』といった人生経験も踏まえたアドバイスができる。また例えば、実務で3Dプリンターを使っていたプロフェッショナル人材がTAとして学生の面倒を見ることになれば、実践的な学びも加速するはずだ」

年度ごとに入れ替わる大学院生TAと違い、社会人ならば継続することでTAとしてのスキルも上がる。TAにやりがいが生まれるのと同時に、学生にとっては社会との接点にもなり、意識が変わっていく、というのだ。このように既存の工学部の常識にとらわれない、画期的で柔軟なプログラムを随所に散りばめている。日ごろの講義から社会人経験のある人間と接点を持つことで、学生たちは社会を意識する。それは社会で活躍できる実践力のある学生を育てるための田畑氏の狙いでもあり、永守氏の願いでもある。

## 日本初の「キャップストーン」とは 実践力教育の本丸

英語学習に、英語で学ぶEMI、横断型授業など、さまざまな実践力教育を施す京都先端科学大学工学部。その総仕上げとして位置づけられるのが、キャップストーンプロジェクトだ。永守氏肝煎りで新設された工学部は、実践的なモータ工学を学ぶ日本で唯一の学部として注目を集めているが、まさにその象徴とも言える。

キャップストーンとはピラミッドの頂点に最後に載せる石のことを指し、大学での学びの総仕上げとして実施されるという意味を持つ。さまざまな企業から直面する課題を提示してもらい、1年かけて4人前後のチームを組み、課題解決に取り組むというプロジェクト。大学3、4年次に卒業研究（卒研）に代わるものとして実施する。機械、電気、精密機器関連を中心に50社を超えるメーカーがこのプログラムに参画し、協力することを表明している。

京都大学の工学研究科でも実習の一つとして取り入れてはいるが、学生全員が関わるものではない。日本の工学部で本格的に導入するのは、この大学が初の試みとなる。まさに、実践力を育てる京都先端科学大学工学部の目玉となるプロジェクトといえるだろう。田畑氏はこのスキームに懸ける想いを熱く語る。「キャップストーンは海外、特に米国の大学では実施例が多く、ハーバード大学やマサチューセッツ工科大学（MIT）などのトップスクールでは、必ずといっていいほど導入されているプログラム。永守理事長が求める『社会で活躍できる実践力のある人材』を育てるためには非常に効果が高いもので、工学部長への就任が決まったとき、この大学にふさわしいものとしてまず頭に浮かんだ」。

永守氏にこのプログラムを導入することを説明すると、間髪入れず、「いいな!」と身を乗り出して答えたという。このプロジェクトは、企業のニーズに応えることで社会と触れ合う、まさに究極のインターンシップといえる取り組みだ。

キャップストーンの実際の1年間の流れはこうだ。例えば、「電気自動車は部品が軽くなれば、車体も軽くなり、電池の負荷が減る。しかし、車体の強度はそのままを維持したい。どう解決するか?」という課題を選んだとしよう。

学生はまず企業を訪れ、軽量化の背景を調べるとともに、部品、素材、コストなど

京大教授のポストを手放してまで、新工学部づくりへ飛び込んだ田畑氏。気さくな人柄で、学生の集まりに飛び込み参加することも

を緻密にヒアリングする。そのうえで、教員のサポートも借りながら、力学的な耐久力向上や他の部品とどう組み合わせるかといった工学的アプローチも加味し、大学の工房を駆使して試作に励む。さらに、実際に企業で製品化する場合を想定し、そのうえで量産化するには？　デザイン面は？　環境負荷は？　といったことも検討し、改良・改善を繰り返す。毎週、教員だけでなく、企業のエンジニアも加わって議論と試作が重ねられる。そして、年度末に最終提案をプレゼンするというのが一連の流れだ。

３年次は、プレキャップストーンとして初級編を実施。４年次はさらに深化し、ときには課題を与えられるのではなく、自ら提携企業の現場から課題を見つけ、解決策を考えていく。最終的には企業への提案発表を行ってプロジェクトは完了。提案が企業の製品に採用される可能性もあり得る。

「週2コマの180分を確保しているが、上限は設けていない。逆に、いつでも利用できる機械工房などを活用して試作に取り組むなど、自主的により完成度の高い形で学生たちが解決策を生み出すことを期待している」。田畑氏はあえて自由度を高くすることで、学生の考える力や熱意を引き出そうとしている。

## 東大・京大と違って当然　社会をできるだけ早く感じる

キャップストーンを導入した理由は、「米国の大学に比べ、日本の学生は卒研に時間をかけすぎている」という田畑氏の問題意識からきている。「卒研はあくまでも自分の専門分野の課題に関して研究するというもの。それに対し、キャップストーンは企業のニーズを背景にしている。企業訪問をし、現場の課題を聞く中で、世の中にはこんな課題があるのかということを学生は知る。現場の課題を聞くことで、将来、どういう技術や知識が必要になるのか、実社会で必要とされるものを理解することができる」(田畑氏)。

もちろん、アカデミック的な観点から見たら、卒研にもメリットはあると、田畑氏は考えている。

「例えば、京大のように大半の学生が大学院に進んで研究を進める大学であれば、卒研や卒論を通して専門性を深化させていくことができる。また、卒研で鍛え上げられたものの見方や解決策は、社会に出てからも役に立つだろう。東大・京大はそれでいい。前田学長も言っていることだが、同じ工学部でも大学によってすみ分けが必要だと考えている。この大学は社会で役に立てる、実践力のある人材を育てることが目的。であれば、卒研よりもっと直球に、ずばり企業からの課題を解決する策を講じたほうが力になると判断した」

また、学生の多くが3年生までに単位を取り終え、4年生では就職活動以外は卒研しか課題がないケースが散見されることを田畑氏は憂慮する。大学院に進む場合は就活すらない。「その貴重な時間を卒研だけに費やすのはもったいない。4年生でより実践的なものづくりに携わることで、学生はさらに伸びるのではないか」。田畑氏はそうずっと心に秘めていたという。

既存の大学で今ある形を変えるのは難しいが、新しく始める大学ならば最初から変えられる。そこで、卒研に代わってキャップストーンを取り入れることにした。田畑氏はキャップストーンによって学生が得るメリットをこう説明する。「企業がどんな使命を持ち、技術者には何を求めているのか、入社後はどんな任務が与えられているのか。キャップストーンを通じて、こうしたことが具体的にイメージできる。将来の進路を考えるうえで参考になるし、就活でも自信を持って志望動機を語ることができる。さらに『課題を解決するためにこういう専門知識が必要なのか』と実感することで、専門科目の学習意欲を高めるきっかけにもなる」。

企業側には、「単に『課題を出しました』、半年後に『結果どうなりました?』という形だけの問答ではなく、毎週のように学生側とコミュニケーションを取りながら進めてもらう」と田畑氏は話す。一年間をかけて課題解決に取り組んだ年度末の最終プレゼンは、課題を提示した企業のみならず、他の提携企業も参加して行う予定だ。学生チームの発表に対し、工学部の21人の教員全員と企業側の技術者数十人で、学生にさまざまな質問を投げかける。既にプロとして働いている技術者たちを前に発表することは、卒研よりも手強いが、「単なる通過儀礼ではなく、社会や企業の現場を想定したものづくりをより厳しく体感してもらう仕組みにしている」と、田畑氏はその意義を説明する。

## 教育に危機感を感じているのは、日本電産だけではない

このキャップストーンプロジェクトを企業に持ちかけたところ、前述の通り、多くの企業が賛同・協力を表明した。中には、話を聞き付けて、遠方から協力を申し出た企業もある。「想像をはるかに超える反響と協力を申し出る企業の熱意に驚いた」と田畑氏は言う。

なぜなら、このプロジェクトは企業にとって労力がかかる一方で、学生との接点をつくれる程度で、採用面などの直接的なメリットがあまりないからだ。キャップストーンでの改良提案そのものも、企業が想定できる範疇（はんちゅう）にとどまる可能性も考えられる。

ではなぜ、このプロジェクトに企業側は賛同するのだろうか。そこには永守氏が抱えている問題意識を多くの企業も持ち合わせているから、と田畑氏は指摘する。

「日本の多くの企業が、今の大学教育に関して疑問を持っているのではないか。入社してくる学生に対し、『このままではまずいんじゃないか?』という不安。『今の若者たちに任せて、この先の日本の製造業は大丈夫か?』という焦り——。キャップストーンに協力しようという企業は、こうした危機感を感じていることが往々にしてある。今の大学教育に疑問を持っているのは日本電産だけではない。永守理事長は行動を起こせるだけの意思と資金力があるが、大半の企業はそこまで踏み切れない。だから、せめてキャップストーンという形で微力ながらでも協力したいという思いがあるのではないか」

永守氏が考えるこうした大学教育の現状を変え、実践力を育てるための突破口となるのが、この大学であり、キャップストーンの取り組みでもある。

企業と大学が共創をする形として、昨今は産学連携の強化が叫ばれている。一般的には、民間企業が資金を提供し、大学側が研究成果を企業や社会に還元するという形の共同研究が多い。しかし、キャップストーンはそもそも考え方が異なる。「これは、産学連携の『共同研究』ではない。企業側が資金ではなく、技術や知識を学生に注ぎ込んで行う産学連携の『人材育成』だと思っている。企業側の技術者なども若い学生

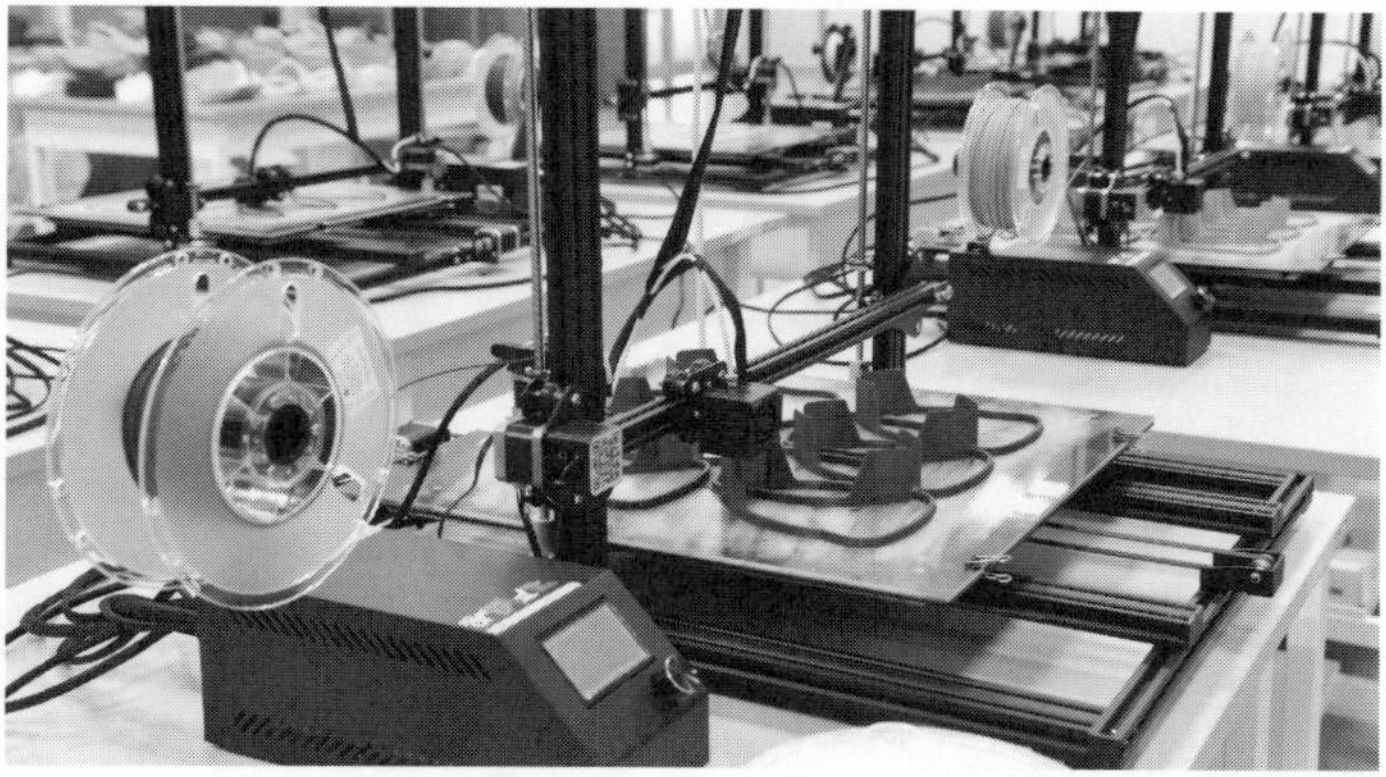

新型コロナウイルスの感染拡大を受け、不足する簡易型医療用フェースシールドを機械工房の3Dプリンターを活用して製造

に教えることで、知識を深め、刺激を受ける機会になるはずだ」（田畑氏）。

例えば、３Ｄプリンターを使った工作実習は、実際にその技術を活用している提携企業の社員に講義や指導を託している。提携企業は、社員を派遣し、自社や社員の擁する技術や知識を学生に提供。その一方で、機械工房にある最新機器の使用ができるという。ウィンウィンの関係だ。京都は市内に多数の大学がある学問の街。先端技術や研究開発志向の企業が数多く存在し、日本電産や京セラなど、かつてのベンチャー企業が大企業に成長している事例も多い。産業全体で学生を育てようという風土が根強いことも、企業の積極的な参加を後押ししている。

キャップストーンがうまくいくかどうかは、実践力を重視する同大学にとって、まさに試金石になる。この大学だけでなく、日本の工学教育の転換点になる可能性もある。「企業側はこれまで『こんな学生が欲しい』と求めるばかりだった。ならば、企業は何をするのか? と。単に、産学連携の研究費を出すだけでなく、企業が果たす役割は他にもあるはずだ。キャップストーンはそれを呼び込める手段とも思っている」と、田畑氏は先を見る。

## 必要なのは「ストリートスマートグローバルエンジニア」

永守氏が長年温めてきた「社会で戦力となるモータ技術者を大学で育てる」という夢は、田畑氏の手を借りながら、京都先端科学大学工学部としてスタートを切った。この斬新な工学部が最終的に目指す学生の未来像は、「ストリートスマートグローバルエンジニア」だと田畑氏は語る。

ストリートスマートとは、「実践(実戦)で賢くなった人」を指す。ストリートの中には「実体験」「現場」「社会」が含まれている。つまり、ストリートスマートは、困難にぶつかったときも乗り越えていく力強さがある。

対極にあるのが「アカデミックスマート」や「ブックスマート」という言葉だ。こちらは「勉強をして、学を通して賢くなった人」を意味する。例えば、一流大学を卒業し、官僚や大手企業に就職するようないわゆるエリートに見られがちなタイプで、頭で分かっていることは着実にこなすが、経験したことのない事態に直面すると対処できず、変化や不確実な状況には弱いという側面もある。

今は、「Volatility（変動性）」「Uncertainty（不確実性）」「Complexity（複雑性）」「Ambiguity（不透明性）」の頭文字をつなげた「VUCAの時代」と称されている。現代社会は、世界中を大混乱に陥れた新型コロナウイルスの世界的感染拡大をはじめ、地震や集中豪雨などの大災害、AIの急速な進歩など、社会やビジネスの複雑性が絡み合い、先々の見通しを立てるのが困難な時代にある。だからこそ、「頭」ではなく、「実践」を通して力を得たストリートスマートが必要になる。「この大学は、会社に行って実力を出せるタイプの人を育てる大学。勉強がよくできる学生より、現場のいろいろな問題にぶち当たったときに何とか切り抜け、泥臭くてもいいから解決していこうという底力のある学生を育てたい。そして、留学生と机を並べて切磋琢磨しながら学ぶことで、どの国でもやっていける多角的な視点を持つ、たくましい国際人を育てていきたい」。田畑氏はこれから必要になる人材を見通してこう語る。

これはまさに、永守氏が語る実践力のある人材に他ならない。永守氏の言葉で言えば、「失敗は必ず解決策を一緒に連れてくる」というように、すべてはチャレンジから始まる。失敗を恐れずに行動し、失敗したときはその原因を探り、成功への道筋を検討し、再チャレンジする。永守流人材とまさに合致する。

## 「シンガポール工科デザイン大学」に見る、世界の工学教育

田畑氏がこの工学部の話をすると、知人から「その思想はシンガポール工科デザイン大学（SUTD）に似ている」と言われたことがあるという。SUTDは、09年にシンガポール政府が、他にはない新しい切り口をテーマに生み出した大学だ。「確かに調べたら、分野横断型のアプローチを取る、実践力を育てるという点で似ている面があ

る。シンガポールの工学系トップは南洋理工大学だが、その大学とはすみ分けをした大学として存在感を高めているようだ」と田畑氏は語る。

京都先端科学大学よりも一足早く立ち上がったこの大学は、既に世界的に注目を集めている。「SUTDの事例を聞き、改めて、この大学で取り組もうとしている工学教育は間違っていないと確信を得た。教育の方向性だけでなく、キャップストーンに賛同する企業を見ても、この大学の方向性に共感する人は数多くいる。あとは、絵に描いた餅にならないよう、学生を伸ばすよう、努力をしていきたい。そうすれば、永守理事長が狙う世界大学ランキングだけでなく、工学教育の分野でも世界を驚かせる大学になる要素を秘めている」（田畑氏）。

## 田畑氏が永守氏に共鳴するわけ

### 永守氏の大学教育に懸ける思いは「人間愛」だ

民間企業と大学の現場のどちらも知る田畑氏の目に、永守氏はどう映っているのだろうか。田畑氏はこう話す。

**「永守理事長を見ていると、なるほど、人を引っ張る人とはこういうことか、と実感する。どこまでも熱く、根幹の部分がブレることは決してない。そして、永守理事長は自分が考えている思いをとにかく何度も何度も口にする。最初は『この話は前も話していたな』と思って聞いていたが、彼は自分が理想とすることに関しては、あえて何度も同じことを熱く語る。そうして、頭で理解するレベルから、血肉となって体で覚えるところまで染み込ませていく。こうやって人の意識を変革し、組織を変えていくのだということが分かった」**

田畑氏が永守氏に初めて会ったのは、前田学長と浜田副理事長が同席する中で、工学部長候補として紹介された時だ。それまで接点はなく、田畑氏は永守氏の著書やインタビュー記事を読んでいた程度だった。だが、実際に会って話すと「印象が違った」と田畑氏は言う。

「テレビや雑誌では、永守節がさく裂し、目を引きやすい言葉ばかりが先行して捉えられている節がある。例えば、この大学においても、『偏差値教育を打破する』『京大を抜く』といった、とがったインパクトのあるキャッチフレーズが目立つ。ただ、こうしたフレーズは外に向かって分かりやすい形で言っているだけで、彼の大学改革の本質は、私から見ると『人間愛』ではないか、と思う」

永守氏は、自身が経済的に苦労しながらも、節目で恩師の助言などがきっかけとなり学びを積み重ね、今の地位を築き上げることになる。今でも世の中には、経済的に恵まれない、もしくはただテクニックが足りないというだけで受験戦争に勝ち残れなかった人は数多くいる。しかし、それで終わりになってしまうのはおかしいのではないか、それが田畑氏の考えだ。

**「永守理事長は、『今度は自分がそのチャンスを生み出す番だ』と思っている。その思いは、まさに人間愛といっていい。人間愛は、人に対する理解や共感があってこ**

そ。人の強さも弱さも理解したうえで、若者たちに教育という平等で大切な機会を与えたいと感じている。私もその強い思いに共感するからこそ、一緒に頑張り、彼の思いを実現させるために手伝っていきたいと思う」（田畑氏）

Interview

## 心を揺さぶられた、永守氏からのメッセージ

# 「ものの考え方、その実行力がいい」

これは、永守理事長から私宛てのメールに書かれていた言葉です。「**ものの考え方や実行力がいい**」と。

その言葉だけでなく、初めて会った時、カリキュラムの原案ができてプレゼンした時、その時々で私の考えに共感してくれたり、「いいな！」と身を乗り出して聞いてくれたりする態度から、「私のことを信頼してくれているんだな」と実感しています。おかげで、自信を持って、これまでにない工学部をつくり上げることができています。

永守理事長はいろいろなことを見抜く力に長けている。これまで会社で数多くの人間を育てた経験から、人を見る眼力がある。おそらく私のことも「こいつは自分と同じ方向に向いて、戦ってくれる奴だ」と直感的に思ったので

はないでしょうか。

永守理事長の夢でもある工学部ですが、カリキュラムをプレゼンした時も細かいことは何一つ言われなかった。工学部の構成から教員採用に至るまで、すべてを一任してくれています。もちろん、私も「永守理事長がどうしたいか」ということを常に意識して動いているが、信頼して任せてくれるから仕事もやりやすい。

我々、実行部隊は、「目標はこうだ」と下りてくれれば、それを実現するための手法を考えます。基本的なベクトルが合っていれば、任せてもらえる。私自身も永守理事長と共通する考えを持っていることもあり、その点でも、この工学部は思い通りの形にすることができました。当初は、京大の大学院教授を定年までまっとうするつもりでしたが、結果的に、「これまでにない工学部」を立ち上げるという千載一遇のチャンスを与えてくれたことに心から感謝しています。

（田畑修）

# 3章

# 意識改革

# 永守流・一流への意識の変え方

## 組織改革も人材育成も「意識」から

### 上の意識が三流なら下も三流になる

永守氏は常々、**「人の総合的な能力の差はせいぜい3～5倍程度。それが意識の違いで100倍にもなる」**と指摘する。さらに、著書『奇跡の人材育成法』（ＰＨＰ研究所）の中でも、「一般に『一流』といわれる人間は、いつも他人には負けたくない、あいつだけには負けてなるものか――こうした気持ちを持続し続けた結果一流になったのである」とも語っている。組織を改革するうえでも、人材を育てるうえでも、熱量や意識こそが重要だと説き続けている。

M&Aによって傘下に入った企業を再建する際、一般的な企業の多くは、「年齢が高いから」「能力が低いから」などという理由で人員の整理をしがちだが、永守氏は、「怠け者には辞めてもらう」というスタイルを取る。まさに、意識こそが重要であるという証明だろう。

特にトップの地位に就く者やチームを率いる人材には、極めて高い意識を持つことを永守氏は要求する。チームのトップの意識が変わることが、組織全体を変える大きな起爆剤となるからだ。**「ヒツジばかりの組織の中に、1匹のオオカミを隊長として入れる。そうすると皆がオオカミに近いヒツジになるんですよ。1人のトップを入れ替えるだけで組織は劇的に変わる」**（永守氏）。

大学に関しても、永守氏は意識改革を徹底する。**「一流大学が一流である理由は、理事長、学長、教員、職員一人ひとり、そこにいる全員の意識が一流だから。教える側が三流なら、教えられる学生も三流にしか成長しない」**（永守氏）。

理事長に就任する前に初めてキャンパスに行った際、講義風景を見て永守氏は衝撃を受けたという。講義中にもかかわらず、生徒は寝ているか、私語をしているか、もしくはスマートフォンを見ているか……。そこで、教員を呼び、なぜ学生が寝ているのかと問うと、「学生のレベルが低いから」という返事が返ってきた。それに対して永守氏はこう答えた。「それは違う。先生の教え方が悪い。20年も前の古い資料を持ってきて、ただ板書して教える。講義がつまらないからだ」と。前身の京都学園大学は、受験界ではいわゆる〝偏差値Fランク〟。教職員の中には〝負け組〟の風土に染まっている人も少なくなかった。

永守氏は教育をこう語る。「この大学の学生にも光るものはたくさんある。いいところを見つけ出して磨くのが教育だろう。偏差値が高ければ有名大学に進学できるかもしれないが、大学ではろくに勉強もしない。これまでたくさんの人間を採用してきたが、偏差値一辺倒の金太郎飴みたいな人間ばかりで使い物にならない。大学のブランドと社会に出てからの実績とは全く相関関係にない。この大学はこれまでの大学とは全く違う。たとえ偏差値が低くても、やり方次第で人は伸びる。人は何か光っているものを持っている。それを磨き、しっかり勉強させて、社会に役立つ学生を送り出すんだ」。永守氏は、三流の状態でいるのは、学生ではなく、教える側、運営する側に問題があると言い切る。上に立つ人間、教える人間に最も高い意識を求めるのが、永守流だ。

高い意識を持たせるには、夢や目標が必要になる。そこで効いてくるのが、永守氏のほらだ。「25年には関関同立を抜く」。その後、「京大も抜く」「将来はハーバードも目標」と。ほらは、意識改革の一丁目一番地といえる。

## 何度も何度でも「ビジョン」を刷り込む

永守氏の真骨頂は、人を引き付けるメッセージと語り口だ。京都先端科学大学では、理事長が直接語りかける訓話が年に数回あり、そのどれもが圧倒的な熱量を持つ。入学式や卒業式、オープンキャンパスでは、学生だけでなく、参加する親までもがその熱量に浮かされる。自分の言葉で、そして自身の経験を踏まえて紡がれる言葉に、群衆は息をのむ。

中でも大きな反響を呼んだスピーチが、19年4月の入学式の理事長祝辞だ。当初、事務局は、理事長の話は10分以内、できれば8分以内と想定し、永守氏にも伝えていた。だが、永守氏は最終的に30分にもわたって話し続けた。文字数にすると、1万字近くにもなるほどだ。途切れることなく、止まることなく。自身の生い立ち、そして大学

19年4月3日、校名変更して初の入学式を京都市左京区のみやこめっせで実施。19年度は、学部生935人、大学院生10人が入学

の目指すべき方向、これから大学生になる若者がどうしていくべきか――語り尽くした。「別の大学に落ちてきたんだろう。だが、落ちて良かったと思うときが来る。頑張りましょう！」。永守氏の言葉は、ただの慰めではない。誰もが信じさせられる、そんな熱量がこもっていた。永守氏が就任する以前の17年4月の入学式では、式の間、居眠りしたり、おしゃべりしたりする学生も目立つ状況だったというが、19年の祝辞の際には学生はまっすぐ前を向いていた。この理事長祝辞の要約を260ページで公開している。若者に火をつけた魂のメッセージを読んでほしい。

もちろん、1回のスピーチだけで意識を

浸透しきるのは難しい。意識改革は一朝一夕でできるものではない。大勢にビジョンを語りかける訓話に加え、永守氏は社員やスタッフとにかくよく話す。御用聞きとして話をとことん聞きながら、ほらやビジョンを何度でも話し、共有する。そうして社員の意識を変革し、ベクトルを合わせるように促していく。一般的な企業、特に大企業の場合、トップ自らが一社員と直接コミュニケーションを取ることはまれだろう。しつこいぐらいにトップの顔が見える、それが永守流だ。

その永守流コミュニケーションを象徴するのが、「**一緒に飯を食べる**」こと。永守氏はこれまでM&Aで窮地に陥った赤字企業を、短期間で黒字化させる驚異的な経営手腕を見せてきた。そして、その際に必ず行ってきたことが、社員との食事懇談会だ。

永守氏は、買収した企業の幹部から若手社員に至るまで、全社員とポケットマネーで昼食会や夕食会を開いて意見交換をしてきた。懇談会では、仕事に対する考え方やこの先の夢、ほらを熱く語る。そうすることで、自身の考えを一人ひとりに浸透させていく。食事の席であれば、トップが同席したとしても、会議室などで構えて聞かれるよりも社員もリラックスしながら他愛のない話ができるし、愚痴や本音も口に出せる。「**緊張する話はしない。全部、相手に合わせて話す**」（**永守氏**）というように、意識的に普段の言葉を引き出そうとしている。

京都先端科学大学の改革も例外ではない。15〜20人といった少人数ごとにメンバーを集め、ポケットマネーで昼食懇談会を何度も開催した。その回数は、永守氏が同大学に携わるようになってから正式に理事長に就任する18年3月までの1年ほどの間だけでも、十数回にわたる。世界を飛び周りながらも、月1回以上は大学で懇談会を開き、教職員と顔を合わせる機会を設けていたということになる。

懇談会の対象は全教職員に上り、教員、幹部、一般職員までこの大学にいるすべて人間が参加することになっている。部署ごと、教員ごとに分かれて、この大学をどうしたいか、なぜそうしたいか、を繰り返し、繰り返し言う。そうやって自分の思いを教職員にインプットをすることで、自分の考えをありとあらゆるメンバーに直接伝えていく。これこそ、永守イズムの経営スタイルだ。それも、各人1回で終わりではない。全員回ったら、さらに2周目、3周目と回っていく。部署ごとや年齢層、地位、学部ごとなど、さまざまなパターンで何度も繰り返す。新しい教職員が入っても、やはり自ら懇談会で話しかける。

現場指揮官として、永守氏と共に昼食懇談会に参加する副理事長の浜田氏は永守氏

永守氏は、少人数の昼食会や説明会など、さまざまな場で自身の思いやビジョンを教職員と共有。質問や意見にもその場で直接答える

のことをこう話す。「彼はいつも現場に直接語りかける。大企業では、社長のメッセージは本部長、部長、課長と階層を通って伝わっていくのが普通だが、それでは決して自分の思いや熱は伝わらないと思っている。彼は『どの工場に行っても、どこのトイレのどのトイレットペーパーがなくなっているかまで分かるんだ』とよく言う。それほどまで会社の隅々を把握し、掌握していないと経営なんてできない、というのが彼の考え方なのです」。自分の考えを階層を通さずに直接語りかける。永守氏はそうして意識改革をほどこしていった。

# 熱意、本気の伝え方

## 熱意は「キャッチボール」投げ続ければ返ってくる

「たった2年で全然違う大学になった」。永守氏は改革に自信を見せる。永守改革後の新入生はもちろん、在校生までもが変わりつつある。**「組織はエネルギーの伝達」**。永守氏がそう語るように、意識改革が教職員全体に広がったからこそ、学生までもが変わり始めたのだろう。

永守氏は**「熱意はキャッチボール」**とも語る。**「行くたびに変化が起きるので、それを楽しみに行く。いろいろと語れば、それにまたみんなが応えてくれる。熱意を伝えると、熱意が返ってくる。だから、人を育てていくのはキャッチボールなんです」（永守氏）**。そのために、永守氏は熱意を届けることを決して怠らない。訓話や昼食懇談会に加え、3カ月に1回、教職員向けに「理事長通信」を発信し、その思いを伝える。永守氏は毎月出したいと思っていたが、学長の前田氏に「そんな理事長たる大物が毎月出すものとは違う」と進言され、3カ月に1回にしているという。「本当は毎月出したい。今、伝えたいことがたくさんあるから」（永守氏）。大学は企業とは異なり、講義があって教職員を一同に集まらせる機会をつくるのは難しいうえ、教員陣はそれぞれの研究室に行くことがほとんど。実際に会って話しかける頻度が企業よりも少なくなりがちで、どんどん発刊して伝えていきたいという。永守氏の熱量は尽きない。

## 「鯉のなかにナマズを一匹」緊張感を常に持たせる

永守氏が足しげく大学に通う理由は、懇談会だけでない。お忍びで授業に参加することも一つの目的だ。

一般的な大学の場合、理事長が学校に行って教室を回るなんてことはまずないだろう。あったとしても、特別な講演や決まったルートを回るのが基本だろう。だが、永守氏の視察は全く違う。大学に行ったら必ず教室を回る。それも、大学スタッフが案内するのは〝いい教室〟ばかりのため、永守氏は一計を案じる。「ちょっとトイレに行ってくるから」と言って、知らない教室にサッと入ってしまうのだ。本当は自分の部屋にトイレがあるにもかかわらず。それで、1番後ろの席に座る。まさにお忍び……。

その狙いは、**「ナマズ役を務める」（永守氏）**ためだ。

ナマズとは、「ベルサイユの鯉」の逸話に登場するナマズを指す。昔、ベルサイユ宮殿の庭の池には、美しい鯉がたくさん泳いでおり、人々は泳ぐ鯉の姿を見て楽しんでいた。そんなある時、鳥が鯉を食べる姿が目撃される。そこで人々は、網を設置するなど、鯉が安心して泳げる環境を整えていった。しかし、異変が起きる。なぜか、鯉は放り込まれるエサをただじっと待つだけで、泳がなくなってしまい、太ってしまったのだ。

そこで、どうすれば鯉がかつての美しい姿を取り戻すのかをいろいろと試した結果、ある方法が劇的に効果を上げたという。鯉の天敵であるナマズをたった1匹、池に放したというのだ。そうすると、鯉はナマズを警戒して、池の中を泳ぎまわるようになった。その結果、以前のような美しい姿を取り戻したという……。「1000匹の鯉がいても、1匹でいいんです。いつ来るか分からないから、一生懸命泳ぐしかない」（永守氏）。永守氏の大学視察の日程は、一部の幹部しか知らない。そして、どこの教室に来るかも分からないとなれば、まさに神出鬼没。池の中に放されたナマズ役である永守氏を意識することで、常に緊張感が保たれるというわけだ。これは、学生の意識に訴えかけるだけではない。教員陣に対してもメッセージを含んでいる。

永守氏が理事長就任前に大学を訪れた際、学生は教室の後ろばかりにいて、講義に集中していなかったという。だが、「最近はむしろ後ろには全然いなくて、みんな前に座って集中していた」と永守氏は変わりように笑顔を見せる。学生の意識改革は、着実に進んでいる。

# 4章

# 実行者が語る
# 意識改革

Part 1

実録！
改革実行者
4

# 「実践とグローバルのスイッチを入れよ！」

インターンシップセンター部長 池田仁美氏

池田仁美（いけだ・ひとみ） 京都先端科学大学インターンシップセンター部長。大学在学中にスペインに留学。新卒でシャープに入社。以来、海外事業本部、海外営業・海外商品企画部、海外向け新規事業企画など海外畑でキャリアを積む。2014年、神戸大学大学院経営学研究科（MBA）修了。17年、シャープを退社し、京都先端科学大学に転職。19年より現職。20年、キャリアサポートセンター部長兼務

## 国際化の切り札は「インターンシップ」新部署でテコ入れ

徹底した実践主義。京都先端科学大学のカリキュラムを表現すると、この一言に尽きる。この考え方は、授業以外でも発露している。同大学が重要視し、そして大幅に

テコ入れをしているのが「インターンシップ」だ。

前述してきたように、永守氏は昨今のインターンシップに疑問を持っている。2、3日で終わる会社説明会の延長程度のものや、1週間程度で〝お客様〟を迎えるような見学然としたものばかりだからだ。永守氏は、より長期で本物の実学を学べる、真のインターンシップの導入を目指した。

その永守氏の思いから、2019年4月、京都先端科学大学として再スタートを切ったと同時に、「インターンシップセンター」が立ち上がった。キャリアサポートセンターの一部だったインターンシップ事業をスピンアウトさせたのは、一気呵成（かせい）に高い目標に向けてストレッチさせていこうという狙いがある。

注目すべきは、海外企業で実習を積む「グローバルインターンシップ」だ。永守氏が育成しようとしているのは、実践力を備えていると同時に世界で活躍できる人材。海外のインターンシップ先を開拓するためにも、特化した組織をつくり、専門分野に秀でたメンバーを集め、プログラムの内容を強化・充実させることが必須だと考えた。

その重要なインターンシップセンターの部長に抜擢されたのが、池田仁美氏。永守氏による大学改革を推進するために外部から参画した、いわば〝永守改革1期生〟だ。

17年3月、永守氏の理事長就任が発表されると、翌年の正式就任を待たずに現・副理事長の浜田忠章氏が水面下で改革を遂行。その際、学内の国際化を推し進めるキーパーソンの1人として、池田氏がヘッドハンティングされた。

前職はシャープ。大学時代の留学経験を生かし、新卒でシャープに入社すると、海外事業本部、海外営業・海外商品企画、海外向け新規事業開発など一貫して海外畑で研鑽を積んだが、シャープが台湾の鴻海精密工業に買収されて以降は、新規事業の見通しも難しくなり、池田氏は新天地を探したという。

メーカーから大学運営へ。全く異なる世界へ身を置いた理由を池田氏はこう話す。

「この大学の最大の魅力は、永守理事長による経営であること。永守理事長は、日本電産を一代で世界一のモーターメーカーに育て上げた、日本でもトップのカリスマ経営者。日本電産は社員の意識改革に全力を傾注した結果、グループ売上高1兆円を超える企業に成長した。その永守理事長がどんな学生を育て、社会に送り出すのか。圧倒的な実績に裏付けられた永守理事長の改革に興味があった」。

もう1つの理由は、彼女自身が大学の持つポテンシャルの高さを、肌で実感していたからだ。

池田氏は、シャープが経営不振に陥った際、起死回生を狙う社長直轄の緊急プロジェクトとして海外向け新規事業を任され、日本側のマーケティングリーダーとして米国向けの自動走行ロボット事業に従事した。しかし、ゼロから生み出す新規事業の開発では、これまでの経験値や知識だけでは歯が立たなかった。そこで、会社に勤める傍ら、神戸大学大学院経営学研究科のＭＢＡコースで学び、実学に生かそうとしたのである。そこで、大学の持つ可能性を改めて実感したという。

「大学では、経営理論から、直面する問題の分析や解決策を見いだすプロセスまでを学び、新規事業に関するヒントを得られた。また、銀行員や弁護士、脳外科医など多種多様な異業種の社会人と交流を持つことで視野が一気に広がった。大学には人を大きく成長させる要素が詰まっている。京都先端科学大学では、経営も人材育成もプロフェッショナルでもある永守理事長の下で世界市場を目指して『大学』を変えていく仕事だと聞いて、胸が躍りました。そして、私もこの大学で改革の一翼を担いたいと挑戦することにした」と池田氏は言う。

## 海外事業所に放り込む〝荒療治〟インターン

永守氏は、世界を視野にこの大学改革を進めている。海外インターンシップに力を注ぐのも当然だ。

しかし、海外インターンシップは日本では広がっておらず、大学生（学部）の参加率はわずか0・2％（文部科学省「平成29年度大学等におけるインターンシップ実施状況について」）にとどまる。海外企業にとっては、異文化で英語圏でもない日本からの学生の受け入れは負担が大きい。そのため、大学側が海外企業を口説くには時間と手間がかかる。そのうえで、安心して学生を送り出せる充実したプログラム内容を用意しなくてはならないのだから、海外インターンシップは一筋縄ではいかない。大学側が用意するプログラムが数少ないこともあり、結果的に学生の参加率は低い。

一方、京都先端科学大学には、世界中に拠点を持つ日本電産グループがバックに付いている。その強みを生かし、インターンシップセンターを立ち上げてからわずか4カ月後の19年8月には、日本電産の海外拠点の協力を得て、グローバルインターンシップププログラムをスタートした。「ギリギリまで交渉が続いたが、4カ月で実現でき

インターンシップの様子（その1）。国内外のさまざまな企業に加え、日本電産と連携した新たなインターンシッププログラムもスタート

たのは日本電産という強力なサポーターがあってこそ。永守理事長による大学経営は企業と大学教育を円滑に結び、柔軟性を持って学生をサポートする体制に持ち込める。大学経営に企業が関わることの優位性を感じた」と、池田氏は同大学の強さを語る。

日本電産による海外インターンシップの内訳はこうだ。初年度の渡航先は、①アメリカ　②オランダ　③シンガポール＋タイ　④シンガポール＋ベトナムの4コース。各コースの定員は2人で、初年度は合計8人の学生を送り出し、現地企業でミーティングの参加、営業同行、企画、管理業務など、2週間におよぶ就業体験を行った。

①と②のコースでは本社機能を持つ拠点

インターンシップの様子（その2)。インターンシップには、1年生から参加可能。実際に1年生で海外インターンシップに挑んだ学生もいる

であり、③と④のコースでは、販売拠点であるシンガポール、生産拠点であるタイ・ベトナム、それぞれを組み合わせて製造業の仕組みを包括的に理解できるプログラム構成に仕立て上げた。

入学間もない1年生もやる気があれば応募が可能で、教職員がスクリーニングをかけ、徹底した教育を実施。ビジネスマナーや目標設定など、全面的に指導をしたうえで、2週間の実習に臨む。海外というと語学に不安を抱える学生も多いが、大切なことは、英語を流ちょうに話すことよりも「話しに行こう」「コミュニケーションを取りに行こう」という積極的な姿勢や自ら働きかけるアプローチだと、後押しをしている。

学校が提携した企業へ送り込むとはいえ、海外インターンシップでは引率者もいなければ現地スタッフによるお客様扱いもない。1拠点当たり2人の学生を送るが、学生たちは自ら海外に渡り、語学を駆使し、現地で就業体験をする。手厚いサポートはない。留学とは異なり、インターンシップは社会人の〝登竜門〟だからだ。

準備期間4カ月で一気に行ったプロジェクトだったが、成功を収める。「海外インターンシップにチャレンジする学生は意識も高く、懸命に取り組んでくれた。初年度は試験的に8人と限られた人数だったが、これを次につなげる布石にしていきたい」と池田氏は語る。中には、実習先から学生に対する厳しいフィードバックもあったという。だが、企業側からの痛烈なコメントも、学生の成長を願っているからこそだ。「企業人と学生とでは当然大きなギャップがある。それを早い段階で知ることは、その後の学生生活に大きな変化をもたらす。こうしたフィードバックも学生の成長のためには不可欠。その点においても、日本電産の協力なくしてはあり得ない」（池田氏）。

初年度の実施期間は2週間だったが、今後は1カ月以上の長期海外インターンシップも検討している。日本電産以外の提携企業を増やすために池田氏のネットワークも活用し、現時点では20社ほどの海外企業が、インターン生の受け入れに合意している。

4月に立ち上がった部署で、8月には学生を海外に送り込むというスピード感は、まさに永守氏の「すぐやる、必ずやる、出来るまでやる」の精神そのもの。永守氏の思いに触れ、池田氏も仕事の取り組み方が変わったという。

池田氏はシャープ時代、マーケティングが主な業務であり、長い期間をかけてリサーチし、消費者動向を見極め、事業性につき議論を交わし、承認プロセスを繰り返していた。サスティナブルな企業としてはロングスパンで捉えることも大事なことだが、この大学に来てから、スピード感を強く意識するようになったという。「理事長から直接言われたわけではないですが、『そんなグダグダ議論している間があるなら、まずは行って話してこい!』『やってから考えろ』といった空気がある。とにかく、この大学ではやることが何もかも早い。これが変革期に身を置くことかと実感している」と、池田氏は語る。

## 〝てっぺん〟の層をつくり、全体を引き上げる

インターンシップは就職活動の準備段階として3~4年次に参加する学生が大半だ

が、この海外インターンシップは入学して間もない1年生でも参加が可能。その狙いは、学生の〝てっぺんの層〟をつくるためだ。

19年度から京都先端科学大学へと名前が変わり、学長はじめ学部長も一新し、完全に永守体制にシフトした。新しく生まれ変わった大学では、本気で語学を身に付け、社会で役立つ人間になりたいという、永守イズムに憧れて入学した意識の高い学生も数多くいる。「海外インターンシップのハードルはかなり高く、挑戦しようという学生の意識は非常に高い。想像してみてください。留学ですら言葉も文化圏も違う中でやっていくのは大変でしょう。それが、突然、海外のビジネス現場に放り出されるわけですから。応募する学生も覚悟してくる。厳しいからこそ、得られるものは大きい。日本より厳しい海外の環境で切磋琢磨する人間を目の当たりにすることで、学生は多くの『気づき』を得る。自分に足りないもの、語学力の必要性、異文化といった『気づき』は、その後の学生生活にも大きな変化をもたらす。こうした意欲的に学ぶてっぺんの学生の存在は、周りの学生たちにも刺激になり、学生たちの意識改革にもつながっていく」。池田氏はこう語る。

## 海外インターンで、学生のスイッチが完全に入った

19年8月の海外インターンシップの後、10月のオープンキャンパスでは学内最大のホールにて、参加者2人によるトークセッションが開催された。池田氏は、英語で堂々とスピーチを披露する学生の姿を見て、海外インターンシップの試みが成功したと確信した。彼らは、海外インターンシップをきっかけにさまざまなアクティビティに参加したり、将来の夢につながる講義を最前列で受講したりするなど、完全にスイッチが入っていたという。

「我々が狙った通りの『気づき』をこの経験から感じてくれた。単に就職活動につなげるためのものではなく、将来の夢が明確になり、意識が高まり、専門分野や語学に対する学習意欲がさらに増すという〝フック〟にするためにある。発表した2人はまさにそのスイッチが入り、話しぶりにも自信が満ちあふれていた」(池田氏)。素直な学生たちは、何がきっかけでスイッチが入るか分からない。海外インターンシップをはじめ、工学部の斬新な教育手法など、この大学では学生を変えるための〝仕掛け〟を数多く用意している。

## 〝永守効果〟で国内の協力企業も激増

海外だけではない。多数が参加する国内のインターンシップにも一層力を入れ、拡大を進めている。京都学園大学時代から付き合いがある企業が30社ほどあるが、今は60社にまで増えた。協力企業が増えたのは、〝永守効果〟によるところも大きいという。「理事長自らが講演や取材を数多く受けていることもあり、京都先端科学大学は企業の間でも『あの永守さんの大学』として認知度が高まっている。理事長自身、『うちの学生も頑張っていますから』と企業に声がけをしている。受け入れ側の立場からするとインターンシップは負担も大きく、日々かつかつの業務の中で学生を受け入れる余裕はないというところも少なくないが、この大学に関してはどの企業も驚くほど協力的」(池田氏)

また、特に地元京都の企業とのさらなる関係構築においては、法人・大学事務局に籍を置く京都銀行OBメンバーのバックアップがあることも大きい。常務理事・法人事務局長を務める井野口順治氏は、京都銀行では代表取締役専務まで上り詰め、地元京都企業には特に幅広い人脈・信頼関係を持つ。一見では難易度の高い優良企業との引き合わせも、井野口氏らがつなぐ。こうした実業界のプロを呼び寄せたのも、実は永守氏だ。海外のみならず国内・地元でも企業との接点を積極的につくり、学生の選択肢とチャレンジの場を一気に拡大していくことにつながっている。

こうした活動を行う中で、人事の責任者が自ら大学に足を運んで来るケースや、自らインターンシップの協力を申し出る経営者もいる。大企業から声がかかることも増えた。「変化のない大学よりも、『変わる』大学に対する期待値は想像以上に大きく、『この学生は面白いかもしれない』とよく言われる。この大学の在り方や目指す方向性は企業側にも受け入れられている」と、池田氏は自信を見せる。

## 学生だけでなく、教員も前のめりに

いくらインターン先の企業を数多く用意したところで、学生がフィットしなければその効果は薄れてしまう。だからこそ、インターンシップでは教員陣のバックアップも重要だ。ゼミや講義を通して一人ひとりの学生を見ている教員からの推薦であれば、企業と学生のマッチングが円滑に進むケースが多く、また、学生も自信を持って実習

大学の大きな可能性に魅力を感じ、民間企業から教育業界に飛び込んだ池田氏。写真は南館（工学部棟）の屋上庭園にて

に臨むことができる。

「最近は、先生方から『このインターンシップにハマりそうな学生がいるから推薦しておいたよ』と声がかかることも多く、教員陣とインターンシップセンターで協力してプログラム開発ができる環境になっている。『こんなプログラムはない？』『こんな企業に協力を呼びかけるのはどうか』と声がかかるなど、明らかに前のめりの先生が増えました」と池田氏は話す。永守改革によって、教育への意識が高い教員たちが次々に参画していること、またこれまでの大学を支えてきた教員が学生をよく見てきたからこそ、いい循環ができている。

## 池田氏が永守氏に共鳴するわけ

### 永守氏の言葉で、学生の目の色が変わる姿を目撃

永守氏の大学改革に共鳴し、外部から参画した池田氏。彼女はなぜ、永守氏に付いていくのか。

**「永守氏と一緒に仕事をするうえで、すごいといつも感じるのは、フェース・トゥ・フェースを非常に大事にしているところ」**と池田氏は話す。

これまでも触れてきたように、永守氏はすべての教職員と昼食懇談会を開いている。

「この懇談会は、教職員一人ひとりを大事にしている証拠。理事長の熱い思いと細やかな心配りで我々の意識も変わる。懇談会で話を聞くたびに私も結果を残さねばと思う。理事長は、いい意味でとてもニュートラル。誰に対してもメッセージが一貫している。この大学に関わる人間として何を目指し、何をすべきか、という思いを平等に伝える。将来のビジョンを直接自分の言葉で社員全員に届けようとする経営者なんて、

めったにいない。しかも、必ず最後に質疑応答の時間が設けられている。全職員に対し、納得がいかないことをトップに伝える機会が用意されていることはとてもありがたい。おかげで、安心して仕事にまい進することができる」（池田氏）。

新しいメンバーが加わると、また昼食懇談会が設定される。普通ならば、何度も開催するうちに、フェードアウトしていくもの。しかし、永守氏の場合は決してそうならない。世界を飛び回る分刻みなスケジュールの中でも、必ず懇談会が行われる。ある意味、執念ともいえる永守氏の熱い思いやその行動力には驚かされる。

学生に対しても、自らの言葉で伝えることをこれだけ大事にしている人はいないと池田氏は驚く。「**大抵の学校では、『理事長』という存在は式典のときしか見かけないような人物。それが、永守理事長の場合は頻繁に大学を訪れては、学生と関わる機会を大切にしている。入学式や卒業式以外にも、年に何度も自ら壇上に立ち、学生にメッセージを伝える場を設け、学生の意識を大きく変えている**」。

中でも、学年ごとに年1回開催される在校生向けの特別講演会は見応えたっぷりだという。京都太秦キャンパスにある最大500人収容できる「みらいホール」で開かれ、席は満員御礼。入りきれない学生たちは別教室で中継視聴をするほどのにぎわいを見せる。

講演の内容は、大学経営に携わろうと思った経緯から、現状の大学教育の課題、今後この大学をどう変革していくかなど、強い信念と熱い思いを60分間にわたり、熱弁を振るう。後半の質疑応答では学生からの質問も途切れない。「自分で起業をしたい。そのときは支援してくれますか」という学生がいればユーモアたっぷりに切り返したり、「君はそんなことも知らないのか!」と優しく突っぱねたりする。カリスマ経営者が相手でも、学生は気負うこともない。永守氏と学生の距離感が近いのは「理事長には学生への愛情がにじみ出ているから」と池田氏は見ている。

**「理事長は、学生を見下すような姿勢や、上から押さえつけようという態度が一切ない。そこにあるのは、無限の可能性を秘めた学生を伸ばしたいという純粋な気持ちだけ。偏差値や大学のブランドで学生を見定める企業や大人が多い中で、永守氏はその偏差値主義を打破しようとしている。だからこそ、色眼鏡で学生を見定めることはない。根底に流れているのは、学生への愛情と激励。広い度量で受け入れてくれているると学生も実感しているからこそ、真剣に耳を傾け、心を開き、積極的にコミュニケーションを取ろうとするのでしょう」**（池田氏）

継続的に永守氏の思いを浴びることで、おのずと永守イズムが教職員や学生の中に宿り始める。「教育業界には話がうまい人は山のようにいる。会社経営者でも弁の立つ人は無数にいる。しかし、これほどまでに行動と実績が伴う人がどれだけいるのか。理事長の持つ熱意と実行力を心から尊敬している。その影響力はとても大きい。この大学の教職員や学生たちは、自分の中で『ここはすごい』という理事長の尊敬できる一面に少しでも近づけようと意識している。これこそが教職員の意識改革につながっていると感じる」。池田氏はこう締めくくった。

Interview

心を揺さぶられた、永守氏からのメッセージ

# 「教育業界に来たことの責任を感じて、頑張ってほしい」

永守理事長からかけられた言葉で、ズーンと胸に突き刺さり、今も指針としている言葉があります。それが、「**教育業界に来たということで、君自身がしっかりと責任を感じて、模範となるように、ぜひ頑張ってもらいたい**」というセリフです。

この言葉は「重い一言だな」と感じました。私自身は教育者の立場ではないが、大学の運営側として学生に影響を与える立場にいる。シャープにいたときのように「もの」をつくる業界ではなく、「人」を育てる世界に来たのだと改めて深く感じた一言でした。

「君は、教育業界に来たことを分かっているね?」と永守理事長から念を押されたことで、学生と接するときだけでなく、人として規範になるような生き方を心掛けないといけない、と身が引き締まる思いでした。この言葉は今、この仕事をするうえで大きな柱となっています。人を育てることは生半可な気持ちではできない。永守理事長自身、非常に強い覚悟があることをその言葉から感じとりました。

同時に、別の業界から私がこの大学に来た意味を見いださないといけない、と改めて実感しました。私は教育業界でキャリアを積んだわけではない。これまでの知識と経験を、この大学の改革で生かすために呼ばれたわけです。新参者ゆえに、何に貢献したか、どう学生を変えられたのかという「実績」を出し、この大学に付加価値を生み出さないといけない。

永守理事長からの一言で、一層、自分の置かれた立場と責任を感じました。常に薄氷を踏むような緊張感を持ちながら、確実に結果を残すよう、仕事には本気で取り組んでいこう、と思うきっかけにもなりました。部を率いる立場として、インターンシップセンターにいるメンバー1人ずつが、大学の〝武器〟になるように育てるのも自分の使命。そう自覚しながら日々まい進しています。

（池田仁美）

実録！
改革実行者
5

事務局長 藤塚晃生氏

# 「一丸となって改革にまい進せよ！」

藤塚晃生（ふじつか・あきお） 京都先端科学大学事務局長。関西学院大学卒業後に伏見信用金庫（現・京都中央信用金庫）に入庫。2001年、京都学園大学に転職。キャリアサポートセンター、総務課長、総務部長を経て、14年事務局次長。永守氏が理事長に就任する1年前の17年4月に大学事務局長に着任

## 実行者5人の中で、唯一大学の過去と今を知る人物

「完全に風土が変わった。教職員の意識も違えば、学生も違う。今は、この大学にいる誰もが理事長と同じ夢を共有して、改革を進めていこうとしている。大学はここま

で変わることができるのかと、多分、私が一番驚いている」

こう話すのは、大学で事務局長を務めている、藤塚晃生氏だ。永守氏が理事長に就任後は、副理事長の浜田忠章氏の下で管理・事務部門を取り仕切っている。今回話を聞いた5人の改革実行者たちの中で、唯一、永守体制前の過去を知る人物だ。

藤塚氏は、37歳のときに信用金庫から京都学園大学に転身。以来、19年間をこの大学で過ごしてきた。信用金庫時代に人事・採用を担当していたことから、キャリアサポートセンター、総務などの管理部門に籍を置き、歴代の理事長や学長に近い立場から大学の変遷を見続けてきた。

「民間企業と比べると、一般的に大学運営は人事制度や経営面でも甘いところがある。正直、京都学園大学時代の仕事はどこか緩い部分があった。特別なミッションが課されるわけでもなく、毎日、淡々とルーティンワークをこなせば何とかなってしまう」と藤塚氏は当時を振り返る。それが永守体制になって目まぐるしいほどに一転した。

「大学どころか、民間企業に比べてもキツく、次から次へとミッションが提示される。会議一つ、今では決められた時間内で濃密な議論が行われ、意見がなければ参加の意味なしと叱責される。常に緊張感を持って取り組むようになり、目の前のことを必死にやるうちに3年間が過ぎた。副理事長の浜田氏からは『これだけの仕事をこなせば、どこの会社でもやっていける』とお墨付きをもらっている」。そう藤塚氏は冗談を交えながら永守新体制の苦労を口にするが、その表情は明るく、声も弾んでいる。

その理由をこう話す。「今は夢があるから。『この大学を変革する』という大きな夢。もちろん、最初は面食らった。膨大な仕事の量もさることながら、求められるスピードが桁違いに早い。だが、その状況の中でひたすら課題をクリアし続けると、次の世界が見えてくる。しんどくても踏ん張って乗り越えてきたことで、職員も仕事に自信と誇りを持つようになった。それどころか、今では誰もがゴールに向かってまい進することに面白みを感じ、前のめりに仕事に取り組み、成果を上げようとやる気に満ちている」。わずか数年で自分たちの取り巻く環境も大きく変わり、今では大学業界でも一目置かれる存在になった。全国から経営不振の大学が視察に来ることもあり、スタッフも変革の手応えを実感している。

## 定員960人に対して入学者が600人強という時代も

前身の京都学園大学は、京都市郊外の亀岡にある小さな大学だった。偏差値は低迷し、大学としてのブランド力はないといっても過言ではなかった。藤塚氏が入職した20年前をピークに、志願者数は右肩下がりの下降線を描いていた。当時入学定員が960人のところ、入学者はわずか600人強という年すらあったのだ。「当時は、大学の教育内容を考えるよりも目先の学生数を確保することで手一杯。資金力もないから宣伝広告を打つこともできず、打開策もない八方塞がりの状態だった」（藤塚氏）。

しかし、2009年、前理事長の田辺親男氏が就任してから再生の兆しを見せる。広い人脈を持つ田辺氏の下に、市内中心部の太秦にある山ノ内浄水場跡地の再開発の話が舞い込む。財政的には厳しかったが、起死回生を狙い、田辺氏はその土地に新キャンパスを設置することを決断。同時に、高齢化社会を見越し、看護学科と言語聴覚学科など、医療系国家資格の取得も可能な健康医療学部を新設。経済学部と経営学部を改組して経済経営学部にし、法学部を廃止するなど、大規模な学部学科の再編を断行した。

結果的に、太秦キャンパスの開設と学部学科再編は成功し、志願者数は回復の兆しを見せる。ようやくその後の成長の素地が整った。しかし、大規模な改革をしたこともあって資金繰りは切迫。経営面ではこれ以上の立て直しが難しいと前経営陣が判断を下した。そこで、16年12月末、田辺前理事長は、以前から大学経営に高い関心を抱いていた永守氏に話を持ち掛けることになったのである。

## 永守氏が大学初訪問　緻密な準備に驚く

永守氏が理事長に就任することを藤塚氏が聞いたのは、翌17年1月のことだ。大学の幹部のみが集められ、同年3月に基本調印することを知らされた。「初めて聞いたときは、『え、どこの永守さん?』と。あの京都で一番高いビルを持つ日本電産本社も知っているし、会長の永守さんも知っている。猛烈に仕事をする会社であることも知っている。けれど、この大学の理事長になるとは夢にも思わなかった」(藤塚氏)。

初めて永守氏と会った日のことを、藤塚氏は今でも覚えているという。17年1月18日、永守氏が初めて大学を訪れる日の段取りを藤塚氏が担当することになり、その緊

事務局長として、教職員や学生と日々コミュニケーションを取る藤塚氏。永守氏の改革の効果を現場から体感している。写真は大学事務室にて

張から日付をはっきりと記憶しているのだ。

永守氏を筆頭に、浜田氏ら日本電産幹部の数人が亀岡キャンパスを訪れた。大学側は、田辺前理事長と当時の学長、法人事務局長、藤塚氏で迎え入れた。亀岡の後は太秦キャンパスに移動し、学食で昼食を取った。

「当日のことは緊張であまり記憶に残っていないが、永守理事長が『カレーがうまいな！　うちの会社のカレーよりよっぽどうまい』と笑顔になり、場が和んだことだけは覚えています」。そう藤塚氏は笑う。その日のスケジュールは永守氏の秘書と直前まで細かいやり取りをしていたが、この段取りが非常に緻密だった。キャンパス内はどんなルートで回るか、食事はどうするか。

時間も分刻みに設定されていたという。「何時何分に○○に着いたら○○を案内し、その後は何時何分に移動という具合に非常に細かい。キャンパス内の詳細な地図も送るように指示され、この件だけで日本電産という会社や理事長は何事も事細かくきっちりと進めていく人たちなのだと理解でき、体制が変わったらどうなるのかと身が引き締まる思いだった」(藤塚氏)。

## 事務・管理部門の最初のミッションは「経費削減」

18年に永守氏が理事長に正式就任すると、事務・管理部門は「経費削減」の指令が下された。永守氏はスタッフを前にこう告げたという。

**「必要ならばいくらでも金は出す。しかし、そう簡単には出さない。節約できることはきっちり節約し、自分たちでやることをやったうえで足りないものがあれば言ってくれ」**

永守氏は京都先端科学大学に私財130億円以上を注ぎ込む豪快さがある一方、徹底して無駄は省くことで知られている。いかなるときもコスト意識を持つことは永守イズムの基本。三協精機製作所（現・日本電産サンキョー）を買収した際には、〝経費削減部〟を新設し、1円以上の支出はすべて決裁が必要というルールを導入したのは有名な話だ。日本電産がこれまでM&Aで買収してきた企業で実行してきたことと同様に、大学でも経費の抜本的な見直しが迫られた。「経費に関しては、浜田副理事長の具体的な指示の下でチェックした。副理事長は永守氏の〝DNA〟を完全に受け継いでいるから、『これはOK』『もっと理論武装しないと通らない』など、理事長の決裁が下りるかどうかが長年の経験から分かる。現場で大学を動かす実行者である副理事長の存在は心強い」（藤塚氏）。

## 日本電産流「3Q6S」を隅々まで徹底せよ

そして、もう1つのミッションは「3Q6S」の徹底だ。

**日本電産でいう3Qとは「Quality Worker（よい社員）」「Quality Company（よい会社）」「Quality Products（よい製品）」を意味し、6Sは「整理、整頓、清潔、清掃、作法、しつけ」を指す。**日本電産のグループ企業には3Q6S委員会が設置され、永守氏は「**3Q6Sはその会社の従業員の高さを示すバロメーターであり、ひいては経営者のモラルのレベルを端的に表している**」と語っている。最低限のことができない組織に改革などできるはずもないからだ。まずは、整理整頓など基本的な「6S」を実行したうえで、「よい社員、よい会社、よい製品」を目指す「3Q」へとつなげていく。

履修の仕組みなど教学面の見直し、人事評価や中期事業計画、システムの見直し、教育研究や財務情報等のIR情報の分析、業務の効率化を図るためのICT改革などを一気にテコ入れをした。学生や教職員のサポートも藤塚氏の仕事。成績や素行の悪い学生がいれば直接面談を行う。こうした多岐にわたる課題を1、2年の間で一気に進めていった。「浜田副理事長から具体的な指示が下り、それぞれの業務にはリミットが設けられる。期限に追われる緊張感の中で、スタッフ全員がそのゴールに向けて懸命に努力をし、一気に変革が進んだ。猛烈な忙しさだったが、そのおかげで職員たちの仕事の取り組み方も変わり、仕事に対するプロ意識が身に付き、彼らの意識も大きく変わったように感じている」と藤塚氏。滞っている業務があれば、改善策の提案と実行が求められる。「理事長は失敗をいとわないところがある。もちろん失敗をしたら叱責されるが、やらないよりはマシ。ダメなら改善してまたやればいいという考え方」（藤塚氏）というように、〝永守イズムの基本は、トライアンドエラー。とにかくやってみる。うまくテイクオフできなかった場合は、過去の失敗を基に次の施策を練る。

## 〝プロ人材〟を中途採用で入れ、プロパー社員を発奮

改革を遂行するうえでは、人事も重要なポイントとなる。教員陣に関しては、学長以下、学部長まで大幅に一新したことは既に述べたが、事務・管理部門では今もプロパー職員が主流だ。プロパーを中心に業務を回しながら、その分野の〝プロ〟を新たに呼んで学内を活性化させている。

例えば、国際化を進めるために登用された、インターンシップセンターの池田仁美氏もプロ人材の一人。総務などの業務においても、高いスキルを持つキャリアを積んだ人材を次々と採用した。「高いスキルを持つ職員が入ることで学内は活性化する。プロフェッショナルな人間が加わることで、プロパー職員を奮い起こす効果も期待で

きる。また、外から来た人間は違う切り口や新しいアイデアを持っていることもある。一方、以前からいた職員にはプロパーだからこそ分かることも多い。こうして新旧の職員が互いに刺激を与えながら活性化し、仕事内容を一層ブラッシュアップしていった」と、藤塚氏は語る。

中途採用の面接においては、この大学で求められる水準の高さや業務の厳しさを藤塚氏はしっかり伝えているが、いざ入職すると中途職員の誰もが「想像以上にハードだった」と口にするという。「我々にとっては、今では当たり前の業務内容やスピードも、外から入った人たちにはキツい。そう思うと、この数年で我々も随分と成長したなと実感している」(藤塚氏)。

## 大学の主役はあくまでも「学生」。志願者数増の秘策

初期段階ではさまざまな改革に取り組んだ事務・管理部門だが、今一番の重要課題は志願者数のアップだ。大学の主役はあくまでも学生。意欲の高い学生に集まってもらい、学内を活性化するためにも志願者数を増やすことは必要である。

そこで今、総力を挙げて取り組んでいるのが、オープンキャンパスだ。大学の取り組みを紹介し、講義を体験してもらい、キャンパスライフを垣間見ることができるオープンキャンパスは、大学の魅力をアピールする絶好の機会となっている。ブランド力のある伝統校や人気校では年1回、中堅大学で年3、4回の開催が一般的だが、この大学では19年度は何と7回も開催した。

オープンキャンパスで永守氏が自ら壇上に立ち、この大学への思いを熱く伝える講演会が催され、500人収容の大ホールは受験生や保護者で満席になった。教職員も総出で模擬授業を開催するなどした結果、オープンキャンパスの参加者数は約1500人も増加した。

同大学の組織は、永守氏が理事長に就任する前までは完全な縦割り状態。そのため、オープンキャンパスも担当の部署のみで取り仕切り、代わり映えのしないものだった。だが、オープンキャンパスの成功は事務・管理部門だけでなく、大学にとって極めて重要なこと。今では、大学全体で成功に導くべきイベントとして、横断で取り組んでいる。「こうした横串が入ったことで、今では部署の枠にとらわれず、教職員が一丸となり、オープンキャンパスなどのプロジェクトを進めている。教員も含めた大学スタッ

新型コロナウイルスの感染拡大を受け、20年は講義をオンライン化。オープンキャンパスもウェブサイトとリアルの両方で開催した

フ全員で協力体制を取れるようになったことは非常に大きく、同じ目標に向かって大学全体が一致団結していこうという気風に変わった」（藤塚氏）。

20年度は、新型コロナウイルスの影響で全国の大学でオープンキャンパスの中止が相次いだが、この大学は攻めの姿勢を緩めることはない。オンラインをフル活用した「WEBオープンキャンパス」を敢行。すべての学部で模擬授業の配信が行われ、動画によるキャンパスツアーも実施された。「オンライン個別相談」では、希望する学部の教員にテレビ電話で直接質問でき、「オンラインキャンパス訪問」では模擬授業のライブ視聴や、在学生と話をすること

ウェブオープンキャンパスでは、さまざまな模擬授業を公開している。講義のリアルタイム配信なども企画

もできる。新設された工学部では、1年生が自分で設計したカタパルト（射出機）を３Ｄプリンターで製作し、卓球ボールを打ち出してその飛距離を競うライブ中継など、斬新な取り組みも目立つ。また、7月からは新型コロナウイルスの感染予防を徹底したうえで、他大学に先駆けてリアルオープンキャンパスも開催した。

このように、逆境すら乗り越えて、ここぞとばかりに他の大学と差別化して挑戦する姿勢は、永守イズムが生きている証し。さまざまな取り組みによって、大学の改革の意図は受験生や保護者にも浸透していき、結果、志願者数は驚異的な伸びを見せている。永守氏が理事長に就任する前の18年度の入試では2400人だった志願者数が、20年度入試では4800人へと倍増した。

だが、実はこれでもまだ永守氏が設定した目標には届いていない。20年度の目標は、実際の志願者数のさらに2倍という極めて高い目標数値が課せられていた。藤塚氏が永守氏に「大幅に人数が増えました」と報告すると、「まったく目標にたどり着いていないじゃないか!」と雷が落ちたと藤塚氏は苦笑いする。

それでも、より上を意識することでスタッフも高みを目指し、結果的に数字を大きく引っ張り上げていくことになる。少子化の時代、ブランド力のない私立大学がここまで一気に志願者数を伸ばすというのは異例だ。

## 永守氏による昼食懇談会 その「実行役」として同席

新型コロナウイルスの感染拡大以前までは、永守氏はかなりの頻度で来校していた。午前中に理事会や決裁案件、学長や教員陣との面談などを集中的に済ませ、昼は定例化している昼食懇談会で教職員と意見交換をし、帰社するのが一連の流れとなっている。

この昼食懇談会に同席することも、藤塚氏の仕事だ。これまでも紹介してきたように、懇談会は1回当たり15～20人ほどの規模で開かれる。懇談会は永守氏からのメッセージを伝えるだけでなく、教職員からの意見や不満を吸い上げ、現場の問題を浮き彫りにする場でもある。その場で出た提案や意見を形にするための段取りを行うのが、藤塚氏というわけだ。

例えば、ある懇談会で教員から提案が出ると、永守氏から「藤塚、聞いたか？　ちゃんと徹底させてくれよ」と声がかかる。懇談会後には、**「先生方の要望はきちんと実行してくれ。せっかく言ってきてくれたのだから、できないでは許されない。必ず実行し、きちんと報告してくれ」**と念を押される。会議や懇談会で現場の不満を聞く経営者や管理職は多いだろう。だが、ここまで徹底して要望の解消に努める、実のある懇談会を行っている組織は少ないはずだ。永守流、御用聞きの本質、そして本気度が見える。

## 藤塚氏が永守氏に共鳴するわけ

### 直接の通話で永守氏の思いに触れる

18年3月に永守氏が理事長に正式就任してからの1年間、理事会では藤塚氏も事務局長として出席しながらも「理事長の目に私は映っていなかった」と振り返る。「12、13人が居並ぶ中で、私が事案の説明をしても目が合わない。私自身も理事長の威圧感から距離を置き、目をそらしがちだったからかもしれない」。

その距離が急速に縮まったのは、翌19年4月、京都先端科学大学と校名変更をした年の入学式だ。大学は完全に新体制に切り替わり、入学式の祝辞を終えた永守氏は満ち足りた表情で舞台裏に降りてきた。「お疲れさまでした」と藤塚氏が声をかけると、突然、永守氏から「君の携帯電話の番号を教えろ」と言われたという。

「1年経って、初めて声をかけられたのが、この入学式。理事長の秘書を通じて電話番号を伝えると、驚いたことにその日の夜に電話が直接かかってきた。校名変更して初の入学式だったこともあり、新入生や保護者の反応を知りたかったのでしょう。『今日の入学式はどうだったか？ みんなはどう言っていたか？』と。入学式の理事長の祝辞は新入生にも保護者にも実際にとても評判が高く、出席者は聞き入っていた旨を伝えると、『そうか、それは良かった』とうれしそうに声を弾ませていた。短い電話でしたが、自分の存在を認識してくれ、さらに素直に喜びを表す理事長の人間らしい一面に触れ、それまで遠い存在だった理事長との距離が縮まり、ぐっと親近感が湧きました」（藤塚氏）。

この入学式以降、理事長は気になったことや思いついたことがあったら、藤塚氏の携帯電話に直接連絡するようになった。どんなときもスピード重視。最近はスマートフォンのショートメールでメッセージが届くこともある。ドキッとするが、その「近い距離感もうれしい」と藤塚氏は話す。「理事会の席では、コの字の形で理事長と私が遠く対面に座っていますが、私は子分っぽくて話しかけやすいのか、私の目を見て議題を話すことが多い。その場を和ませる意味で、私は理事長から冗談を交えて茶化されることも多い。それがまた、信頼されているようでうれしく感じています」（藤塚氏）。

## アメとムチを使い分け、発奮させる

永守氏はめったに褒めない。だからこそ、部下は結果を出して見返してやろうと思う。藤塚氏にはこんなエピソードがある。

大学では、年3回「理事長通信」を配信している。外国人教員への配慮も含めて英訳もし、全職員に配信する。その理事長通信を1月1日に一斉に全員にメール配信するように永守氏から直接命じられたのだ。「もちろん正月だから休みです。しかし、1日と言われたからには0時きっかりに送信してやろうと意地になった」と藤塚氏。大晦日の夜にパソコンの前に座り、除夜の鐘が鳴る中でメールの送信ボタンを押した。時間は0時0分。まさに、どうだ!　という思いだったという。

しかし、永守氏からはノーコメント。指定日通りに配信するのは当たり前、ということだろう。「次こそは」と奮起した藤塚氏に、再び永守氏から直接仕事の依頼が下りた。20年3月、新型コロナウイルスの影響で卒業式の中止が決まると、藤塚氏の携帯電話が鳴った。永守氏からだ。

「卒業生に向けて、せめて祝辞を一人ひとりに渡そうかと思うが、どう思うか?」

「卒業生たちはきっと喜びますよ」

藤塚氏はそう答えると、翌日の土曜日にまた永守氏から電話がかかってきた。

「書き終えたぞ。週明けに秘書からメールを入れるからな」

月曜朝には再度「メールで送ったぞ」と連絡があった。内容を確認すると、「いい紙で、様式を整え、卒業生一人ひとりに手渡すように」と指示があった。「理事長はスピード重視。月曜朝に届いた祝辞はすぐに様式を整え、祝辞にふさわしい上質紙で印刷。14時にはサンプルを日本電産本社に届けた。すると、すぐに理事長から電話があった。

**『俺はめったに褒めないけれど、藤塚、今回はよくやった。いいものができた。今回は褒める』と声を弾ませて言ってくれました。さらに、『1人でやったのか』と聞かれたので、大学の秘書も手伝ってくれたと伝えると、『その子にも褒めておいてくれ』と**」。

永守氏が褒めることは少ないが、成果を上げたときはストレートな言葉でしっかりと褒める。部下は自信が付き、本人の能力以上のパワーを引き出す原動力にもなる。永守氏は、アメとムチを使い分けることも巧みなのである。

## 情に厚くて人間的な魅力が人を引き寄せる

逆に、学生がクラブ活動でトラブルを起こしたときのこと。「すぐに電話がかかってきて怒られるだろう」と覚悟しながら、藤塚氏が永守氏にメールで上申書を送ると、思った通り、永守氏から電話がかかってきた。電話に出ると、怒鳴り声が半端ない。耳元を携帯電話から離しても十分聞こえるほどの大音量だ。すごいけんまくで「お前が責任者だろ！」と怒鳴られた。

それから2時間後、また電話が鳴った。永守氏だ。今度は声のトーンが明らかに違う。穏やかな語り口調となり、「さっきは怒鳴ったが、今は新しく大学が生まれ変わったという大事なときだと分かっているだろう。学生たちにも理事長が怒っていると伝えてくれ。学生たちが粗相しないよう、きちんと見ておいてくれ」と語りかけてきた。

**「このとき、理事長は本当に人を見ているんだなと思いました。これだけ怒鳴ったら、普通は放ったらかし。それが、少し時間をおいてから語りかけるように諭してくる。本気で叱り、そして思いを伝えてくれる。そうすることで、素直に聞き入れるし、次から気を付けねばと肝に銘じる。理事長は情に厚くて人間的な魅力がある。仕事に**

**は非常に厳しいが、人間的な温かさが常にあるから部下が付いてくる。日本電産を含めたら相当な数の従業員がいる中で、叱責した部下にきちんとフォローの電話を入れる細やかな心配りがある。これだから周りは理事長に付いていくんだ、と、改めて実感した」（藤塚氏）**。永守氏は相手を知り尽くしたうえで叱る。役職や個人の性格などを踏まえたうえで、きちんと叱り、怒る。藤塚氏は、永守流改革で大きく意識改革を果たした一人と言えるだろう。

## この大学は、上に立つ人間が一番頑張っている

紹介した経営幹部たちは人生のベテランばかりだ。70代中盤に差し掛かった永守氏を筆頭に、前田正史学長と浜田忠章副理事長と田畑修工学部長の3人は60～70代。一般的に、多くは守りに入る年齢だが、彼らは年齢に関係なく、この大学を改革すべくまい進している。

「この大学では、上に立つ人間が一番頑張っている。世界に広がる日本電産のグループ企業を回しながら、大学にも一切手を抜かない理事長の熱意と実行力は言うまでもな

く、前田学長も浜田副理事長も常にエンジン全開、全力投球で改革を続けている。工学部長の田畑先生の熱量もすごい。トップが全速力で疾走しているから我々も頑張らねばと思えてくる。こうした熱い魂を持つ人材をそろえることができるのも、理事長の力。上の人間たちの熱意と行動力こそが、下を引っ張っていくのだと実感している」と藤塚氏は熱を込める。

藤塚氏は、永守氏の秘書から「理事長は大学に行く日をいつもすごく楽しみにしている」と聞いたことがある。実際、大学を見回っているときは顔を綻ばせながら楽しそうにしている。すれ違う学生には「勉強、頑張ってやれよ」と声をかけたり、講義中の教室に入って座って様子を見たり聞いたり。その姿から、永守氏のこの大学や学生に対する愛情がしみじみと伝わってくる。「理事長に会うと、なぜか元気になる。いつも情熱を持って、前向きで、誰より働く。一緒に居るときは緊張するが、理事長が立ち去った後に不思議なほど力がみなぎり、前を向いている自分に気づく。理事長はいつも50年先まで見通して動いている。とことん挑戦を続けていくのでしょう」。藤塚氏はそう締めくくった。

Interview

心を揺さぶられた、永守氏からのメッセージ

# 「常に、前向きな発言をしろ」

理事長からかけられた言葉の中で、いつも心に留めているセリフは「常に前向きな発言をしろ」という言葉です。

普段から「**絶対に私の前で後ろ向きの発言をするな**」と言われています。無謀とも思える目標を立てられると、つい「それは……」「ちょっと……」と弱気な発言を口にしてしまいますが、そうすると、すぐに理事長から必ず「できないから入るな！」と言われます。

しかし、これが面白いことに「できる」という前提から入ると、ポジティブに物事を考えるようになり、達成するためには何をやらなくてはいけないのか考えるようになってくる。正直無理だよな、と思うこともありますが、まずやってみると考えることで、不思議なほど前向きな自分に変わっているの

が分かります。理事長のモットーは**「すぐやる、必ずやる、出来るまでやる」**。出来ると思うことで、人は「出来る」ようになるのだと、自分自身でもその効果に驚いています。

（藤塚晃生）

Column

大学の国際化を
推し進める
キーパーソン

国際オフィス部長 武田 浄氏

# 世界に照準を合わせた日本唯一の学校

武田 浄（たけだ・きよし） 京都先端科学大学国際オフィス部長。シンガポール国立大学国費留学後、中高の英語科教員を経て、2009年、ハーバード大学・教育大学院修了。帰国後、大阪府では教育振興室参事として教育政策改革を、滋賀県大津市では教育政策アドバイザーを務める。17年9月より現職

## 日本は教育資源を有効活用すべき

これまで触れてきたように、工学部では2021年度から徐々に留学生比率を増やし、24年度には1学年当たり学部生の半数の100人を留学生にする。とはいえ、言

うは易し、行うは難し。実際に、工学部の命運を左右する優秀な学生を海外からそれだけ集めるのは至難の業だ。

そこで、留学生の確保から英語カリキュラムの立ち上げまで、この大学の国際化を推し進めるために大学側がヘッドハンティングしたのが、国際オフィス部長の武田浄氏だ。

武田氏は、国費留学生としてシンガポール国立大学に留学。中高の教員として英語教育に携わった後、35歳で一念発起し、米ハーバード大学の教育大学院で本格的に教育政策を学んだ。帰国後は、大阪府で英語教育改革の責務を果たすなど、知見もキャリアもある教育政策のスペシャリストである。17年、浜田忠章副理事長によってヘッドハンティングされ、この大学の国際化を推進する業務に当たることになる。

この大学に新たな活路を見いだしたきっかけを武田氏はこう話す。「最大の理由は、この大学が800近くある日本の大学の中で、唯一、最初から世界マーケットを視野に入れて、世界の学生に直接アプローチする大学だということ。この工学部ならば、私自身も納得して大学の世界展開を進められると思った」。

武田氏は、ハーバード時代に複数の米国シンクタンクでインターンシップを経験。その際、自国の持つ資源を世界に売り出すことで、他国の開発援助をすることの価値や重要性を思い知ったという。「『教育』も国が誇る重要な資源の一つ。その点、日本には高いレベルの教育資源がある。PISA（OECD生徒の学習到達度調査）のテスト結果を見ても、日本人の教育水準は非常に高く、日本の教育政策は世界的観点から見てもまれにみる優良政策といってもいい。なのに、その資源を日本は世界に提供しないのはもったいない」。武田氏は、こうした問題意識を長年感じていたという。そんな中、京都先端科学大学の工学部は、英語で授業を行い、教育プロダクトを世界に提供しようとする説明を受け、大学の世界展開に尽力しようと決意したのだ。

## 留学生が〝添え物〟では、国際化とは言えない

「理事長は、当初から工学部の教員は海外から募集し、日本人教員を含めて講義はすべて英語で行うという腹決めをしていた。理事長はごく当たり前のことのように考えているが、私たち教育政策に携わる者から見ると、日本の大学市場の長期展望に立った有効な政策」と、武田氏は語る。日本の大学の中には、留学生の受け入れ態勢を整

えているところもあるが、後付けであることも多い。しかし、この大学は最初から世界に照準を合わせている。まさに世界の学生市場との親和性が高いと、武田氏は大きな将来性を感じている。

海外の一流大学では、世界から学生が集まるのは当たり前。そこには自国民であることと留学生であることの境目はない。こと日本に関しては話が違う。使用言語が英語ではないという弱みもあるが、留学生比率が非常に少なく、「日本人」と「留学生」とはっきりと区分けされた構図になっている。「大半の大学のように、留学生比率が10％未満のレベルでは、留学してくる学生が特別な存在と映る。使用言語が英語になり、留学生比率が少なくとも50％近くになれば、世界から学生を呼び込む点で大学の本当の国際化の基本が進む。この工学部では、誰もが普通に英語で話せる受け皿を環境として用意し、日本人と留学生の境目がなくなる状態にまで落とし込んでいきたい」（武田氏）。

GDPでは世界3位の日本。経済力や技術力の高さは世界的にも熟知されている。しかし、日本の「大学」に関しては、世界的に見るとバリューが低いのが現状だ。

今から10年前、文部科学省と大学が協力して海外留学生の獲得に本腰を入れたこと

がある。文科省は、日本の大学の国際競争力を高めるため、優秀な留学生を日本に集めることを目的とした支援事業「グローバル30」を発足。東京大学、京都大学、早稲田大学、慶応義塾大学など日本のトップ国公私立大学に英語で履修ができる「英語学位コース」を設置し、日本の大学を世界に売り出そうとした。結果的に留学生数の確保や予算削減などの理由から、このプロジェクトは停滞感が漂う。

「日本の大学は、世界の留学マーケットの観点から見れば〝新参者〟で、バリューも低く見られる傾向がある。また、日本側も留学生を受け入れるためには英語による講義や教員の整備を要するなど負担が大きい。互いにメリットが感じられず、停滞を余儀なくされた」と、武田氏は振り返る。

日本の大学バリューはその頃から変わらず、爆発的な人気の獲得には時間を要すると武田氏は指摘する。しかし、この大学の工学部ならば、「授業言語が4年間英語である」「教員が全員英語を話せる」「日本人も留学生も共に英語で学ぶ」という観点から、潮流に乗れる素地が整っている。「この工学部であれば、海外に打ち出すことに困難を感じてきた日本の『教育資産』を世界に売り出すことができるのではないか、と期待している」（武田氏）。

## 留学生の世界マーケットで欧米に対抗

武田氏が率いる国際オフィス部は、エージェントや世界各国の学生に働きかける「リクルーター」、入学審査業務を行う「アドミッション」、学生対応の「リエゾン」、動画やウェブで世界配信する「広報」の4部構成で、工学部の世界展開に備えている。

全世界には、大学は約2万あり、留学生を送り出すエージェントも無数にある。どの国でも留学生の獲得はエージェントを通して行うのが基本だ。そこで、武田氏らは世界の大学やエージェントが集結する国際的な商談イベントに積極的に足を運び、大学をアピール。欲しい人材と強いコネクションがあるところを開拓し、優秀な留学生を確保することが武田氏にとって最大のミッションとなっている。

現在、大学が契約しているエージェントは世界33カ国にわたる。今は、その世界的ネットワークを利用し、21年度に1期生となる留学生獲得のための営業をかけている最中だ。新型コロナウイルスの影響で、留学に関してはどの国も慎重になっているため、今回はインドネシア、ミャンマー、ネパール、スリランカ、インド、ベトナム、フィリピンなど、アジア圏を中心に働きかけざるを得ない状況である。しかし、ハードルは高いという。

アジア圏では、社会的地位の高い層の語学力が高く、優秀な人材は米国、豪州、英国に行く割合が多い。大学市場は欧米優位の状態が続いている。

「この先、留学生の確保人数が増えていくので、楽な戦いになるとは思っていない。しかし、我々のターゲットになる留学生にとって、この大学の工学部は世界の最先端にある日本のものづくり技術を英語で学べること、日本人学生と国際学生寮で共同生活することにより日本語も日本文化も身に付けられること、そしてその先には日本電産をはじめとした日本の一流メーカーに就職し、技術幹部になる道が開けていること、さらに自分の出身国にあるその会社の現地子会社の経営幹部になる可能性も出てくるなど、他の留学先にはない利点がある。この点を市場に浸透させられれば、成算は十分あると思っている」と、武田氏は語る。数年後、工学部の留学生が永守氏の目標でもある50%を占めたとき、日本の大学教育に大きな風穴が開く。

# 終章

# 永守氏の夢

# 「最後はやっぱり、人に喜びを」

## 好きなこと、得意なことを伸ばしたい

「本当に想像力を持った人間に育てようと思ったら、大学ではもう遅い。中学、高校くらいから教育する環境を整えなければいけない」。永守氏はそう語り、京都先端科学大学付属の中学・高校をつくって一貫教育を行うことを目指している。

「**受験勉強に追われる日本の若者には覇気がなく、強いリーダーが出てこない。小さい頃から塾に行かなくてもいいように、楽しい学生生活を送りながら、この子は数学が得意だとか、これが得意だなという分野を伸ばしていく**」。塾漬けになってしまわずに、自由に遊び、学び、好きな領域を見つける過程を学校、ひいては社会で後押

しするのが、永守氏の考えだ。

永守氏はこうも続ける。「オールマイティーな人間、そんなのはいるわけがない。オールマイティーを求めるから、今のような偏差値主義になってしまう。大学入試も、国立大学などの多くは、いまだに5教科のトータルの点数で見る。そんなのは関係ない。世の中で成功している人間が、いい大学の出身かといったらそうでもない。全教科の平均だったら国立大学には入れないけれど、数学と物理さえ光るところがあればうちの工学部に入れる。こっちの方がいいに決まっている」。

## 中高大一貫教育で教育業界に風穴を

永守氏は、中高大の一貫教育に向け、既に一歩を踏み出している。2020年4月には、京都学園中学・高校を運営する京都光楠学園を21年4月1日付けで合併する方針であると発表。「国際コース」を備え、高校生の海外留学など特色ある教育を進めてきた京都光楠学園の佐々井宏平理事長とビジョンを共有し、合併に基本合意した。京都光楠学園は14年の春に、旧京都学園から分離した学校法人だが、今回の合併合意で

20年4月1日、永守氏は京都学園中学校・高校を運営する京都光楠学園と永守学園の合併基本合意を発表。中高大の一貫教育を目指す

再び一体的な運用が可能になる。京都光楠学園が運営する京都学園中学校には156人、同高校には1294人の生徒が在籍している（20年4月1日時点）。

京都先端科学大学の強みである実践的な英語教育に加え、新たに開設した工学部と連携する授業などの展開を検討。中高大一貫カリキュラムの設計や新たな教育プログラムの開発にも着手している。

中高大の一貫教育として、永守氏が描く青写真はこうだ。中学校から徹底的に英語、それも「話す英語」に触れ、工学に興味のある生徒には高校からモータの基礎を教え込む。「付属の中学と高校ができれば、大学における学部が大学院のようになる。いわば、飛び級で、若く優秀な人を出していける」（永守氏）。さらに、将来は小学校の設置も検討。永守学園には、既に幼稚園・保育園もあり、幼稚園・保育園から大学・大学院まで備える構想を打ち出している。

大学に関しては、医学部の設立も目指す。これからの時代を見据え、高齢者医療に特化した学部だ。「なかなか許可が下りないというけれど、簡単に諦めてはいけない」。永守氏は、寄付を通じてさまざまな支援を行っているが、特に教育と医療に重点を置く。医学部設立は、まさにその悲願といえるだろう。

## 永守氏が塾長のビジネススクールも

最終的な夢は何かと問うと、**「起業家をつくること」**と永守氏は答える。「アメリカでは、10年以内に生まれて今は売上高が数兆円という会社がいくつもある。一方の日本は、日本電産以外で、この10年間で1兆円企業になったところは何社あるのか」。永守氏は日本の現状をこう指摘する。

**「起業家を輩出することが、どれだけ社会に与える影響が大きいか。1人の起業家**

**が例えば当社のように15万人の従業員を雇い、これが30人出てくるとすれば、大きな雇用を生み出すことになり、私がこの大学をつくった意味がある。やっぱり起業家をつくらないといけない」（永守氏）**。社会に役立つ人材を輩出すること、そして求められる大学であること、そのゴールの一つが、起業家育成というわけだ。

京都先端科学大学の改革も、実践力重視の中高大一貫教育も、まさに自分で動ける起業家気質を磨く可能性があるもの。加えて、より直接的な起業家育成として永守氏が構想するのが、「ビジネススクール」の設置だ。近いうちに開校するつもりということだが、既に受講希望の申し込みが、ひっきりなしに届いているという。

「世の中、経営が分かる人なんてほとんどいない。だから、ビジネススクールの塾長は私がやる。夜学で社会人を教える。講師陣には孫（正義）さん、柳井（正）さんなど、一流の企業人に加わってもらう」。経営者の憧れである永守氏の言うことだけに、実現する可能性は十分ありそうだ。

さらに、永守氏は、**「これからの時代、技術の分かっている人がCEOをやるべき」**と、指摘する。「アメリカのCEOは8割が技術系に対して、日本は文系が8割で構成が全く違う。スピードの速い世界で競争に勝とうと思ったら、技術の分かっている人がトップに立つべき。しかし、現状ではほとんどいない。だから、大学院のMBAコースでは、技術者を経営者に育成する」（永守氏）。幅広く企業派遣を受け入れ、日本電産からも送り込む計画だ。「技術者がMBAを取って社長になると大きく変わる。我々のところで将来、幹部になる人は、夜学であれば行ける。また例えば、地方に候補社員がいたら、2年間だけこちらに転勤して行ってもらうことも考えられる。士気が上がるはずだ」（永守氏）。いずれは、京都先端科学大学のMBAを取った人間が会社を経営するようになる。その後、その経営者が講師になる。永守氏は、そんな循環をつくり出そうとしている。

## 課題は山積 「50年後」まで計画はある！

**「最後はやっぱり、人に喜びを与えないといけない」**。永守氏の熱量の根源はまさにこの、社会貢献への思いにある。「自分の大学名を恥ずかしくて言えない」という大学の在校生や卒業生、そしてその家族には改革を通じて夢を与える。さらに、偏差値・ブランド偏重の教育システムに風穴を開けることで、若者に希望を持たせる。そして、起業家を育成し、社会全体に変革をもたらす。京都先端科学大学の革命は、もはや一大学にとどまらないだろう。

永守氏は、大学改革について50年の計画を立てていると公言している。50年後、永守氏は125歳を超える。「そんなに長生きできると思っているのかと言われたが、徳川家康は73歳まで生きた。今の医学でいうと100歳を大きく超える。それに比べたら125歳は生きられるじゃないか」。永守氏の革命の火は、まだまだ燃え続ける。ほらを吹き、夢を語る。それが現実のものとなったとき、新たな人材育成の常識が生まれる。

Column

# 京都先端科学 学生Interview

永守氏と実行者たちが、新たな大学像を求めて改革を続ける京都先端科学大学。工学部の1期生を中心に、実際にキャンパスライフを送る学生に同大学の面白さや強みを聞いてみた。

## 工学部の未来は、私たち1期生の頑張り次第!

藤谷月帆さん(1年・工学部・京都府向日市出身)

### 工学部の先生方の熱意が半端ない!

「この大学の工学部は、先生は熱心で学生の意識も高い。やりたい研究もとことんできるし、英語もできる。この大学を

選んで、本当に良かったです。最初は国公立大学を希望していた親も、今は『この大学で良かったね』と話しています」

そう話すのは、2020年4月に工学部1期生として入学した藤谷月帆さん。第1志望校として、公募推薦でこの大学に入学を決めた。高校1年生のとき、スピーカーの回路をつくって音を鳴らすという体験を通して「これが仕事になったら楽しそう」と感動して以来、工学部を目指してきたという。

この大学を選んだきっかけは、日本電産の株主でもある祖母の一言。「株主総会で、会長兼CEOの永守重信さんが大学の工学部をつくると話をしていたよ。一度、大学を見てきたら？」。藤谷さんも祖母も、永守氏と同じ京都府向日市出身。「日本電産は向日市の誇りで、永守会長は地元のスター」（藤谷さん）ということもあり、高3の夏、興味本位でオープンキャンパスに足を運んでみた。

「そこでは、工学部の先生方が研究の紹介をしていました。中でも、パワーデバイス専門のアルベルト カステッラッズィ先生の研究が私のやりたい学びと見事に合致！ さらに、この大学は最初から『機械』『電子』『ソフト』など枠に捉われずに学べるのも魅力的でした。今は電子デバイスに興味があっても、学ぶうちに興味が移ることもあ

ります から。オープンキャンパスでは、工学部の先生に直接話を聞く機会もあり、先生方の研究への思いや大学にかける熱意も半端ない。永守理事長の熱のこもった講演会も見て、この大学を第1志望に決めました」

## 英語が苦手でも、2カ月もすれば慣れる

20年度入学の1期生は、新型コロナウイルスの影響で入学早々からいきなりオンライン講義となった。しかも、講義は英語のため、「かなり焦った」と藤谷さんは言う。「英語は苦手。なのに、講義は外国人の先生で最初は苦労しました。でも、担当の先生にメールで『英語は苦手で不安』と拙い英語で連絡したら、『大丈夫! ゆっくり学べばいい。予習すれば何とかなる』とアドバイスをもらいました。確かに英語100%の授業を予習なしで理解できるはずもない。そこで、英語のパワーポイント資料を3時間かけて訳してから講義に臨みました。2カ月も経つと英語に慣れて、今はもう抵抗はありません。他にも英語の授業が別に週10コマあるので、リスニング力は確実に上がり、リスニングのテストは満点! 講義で分からないことは、質問すれば英語で

すが丁寧に教えてくれます」

大学では「とことん好きな研究がしたかった」と話す藤谷さん。幸い、この工学部には「ロボットコンテストで入賞したい」「英語が堪能なエンジニアになりたい」など、熱心な学生が多い。「意識が高い学生が多いと自分も高められる。女子が少ないのが寂しいですが、それ以外は理想の環境がそろっています」。

入学式は中止となったが、永守氏が全学生に配布したDVDメッセージは自称〝永守ファン〟の祖母と一緒に見たという。

「理事長の話はいつも自信に満ちあふれている。私自身は自分に自信が持てないタイプ。だから、DVDの中で『君たちの通っている大学は素晴らしい大学。まずはこの大学に自信を持ちなさい』という理事長からのメッセージは心に響きました。この大学に誇りを持ち、工学部一期生として努力しようと、思いを新たにしました。工学部の未来は学生である自分たちの頑張り次第ですから」

## 「永守理事長の大学なら「化けられる」と思った

永田真太郎さん（1年・工学部・滋賀県出身）

**Q.この大学を目指したきっかけは?**

**A.日本電産社員の姉から薦められたから**

どの大学を志望するか悩んでいたとき、日本電産社員の姉に「永守会長が新しく工学部を立ち上げるから行ってみたら」と薦められた。調べてみると講義は英語。以前からプログラミングに興味があるが、英語の記事が多い。この工学部で英語も上達すればプログラミングを調べるときにも役立つし、将来につながる。他にはないオンリーワンの魅力を感じました。

**Q.英語の講義についてどう思うか?**

**A.分からなくても個人チャットで質問し、疑問を解消できる**

英語の講義は、4割くらい聞き取れたらいいほう。でも、図や資料を見ながら進めることが多いので、ある程度は推測できます。オンラインならば講義内容を録画して分からないところを見直ししたり、後から先生に直接個人チャットで質問したり。頻繁に質問していますが、丁寧に対応してもらっています。英語の授業では「工学英語」の科目があり、専門用語など実際の講義でも役に立っています。

**Q.永守理事長はどんな存在?**

**A.理事長に付いていったら化けられると思った**

この大学を選んだ理由は、「うまくいけば化けられるかも」と思ったから。化けられると思った要素の中で一番大きかったのが、永守理事長の存在。力の入れ方が半端ない。オープンキャンパスでは125歳まで生きるとおっしゃっていて、その迫力に圧倒された。講演会では「海外でも一線で戦えるエンジニアをつくる」と言っていて勇気づけられた。理事長を信じて英語も工学の勉強も頑張りたい。

## 機械工房で自由に製作できるのが魅力

田平弘太郎さん（1年・工学部・鳥取県出身）

**Q.この大学を目指したきっかけは?**
**A.エンジニアの叔父が薦めてくれた**

自転車のライトを開発しているエンジニアの叔父が「もう一度、大学生に戻れるならこの大学に入って、英語で講義を受けながら技術を学びたい。受験のときに工学部ができるのだから受けてみたらどうか」と薦めてくれた。受験ではなかなか成績が伸びずに苦労したが、叔父から「この大学でしっかり学べばスキルアップすることができる」とアドバイスを受け、この大学を志すことに。

**Q.入学してどうだったか?**
**A.やりたいことができる大学だと感じた**

最新設備を使えるのが魅力。特に、機械工房では3Dプリンターを使って製作に取り組めて、やりたいことが自由にできる環境にある。自分の趣味でもつくりたい作品があれば、ソフトで制作し、工房に持って行って製作することも可能。工房では、3Dプリンターを専門に扱っている企業の担当者から直接指導を受けることもできる。柔軟性があって、楽しい大学だと感じている。

**Q.英語の講義についてどう思うか?**
**A.毎日英語を使うと、感覚が養われていく**

最初は受け答えもできなかったが、毎日英語を使っていると感覚が養われていく。講義も資料もすべて英語で大変だが、講義中に分からなかった英単語はメモして後から調べている。英語の授業も、上達すれば工学部の講義ですぐに役に立つから身の入り方が違う。英単語の定着も格段に速くなった。受験英語と違って、この大学では実のある英語を学んでいるなと実感しています。

## 入試直前に見た新聞記事が入学のきっかけ

櫻庭佑太朗さん(1年・工学部・秋田県出身)

**Q.この大学を目指したきっかけは?**

**A.父のアドバイスによって**

直前まで東京の大学を志望していましたが、日本電産の永守会長が工学部を新設するという記事を発見。父が「この記事を見ろ。この大学はどうだ?」と言ったのがきっかけです。父は出張の際に京都まで足を延ばしてこの大学を見学し、僕自身も調べました。永守理事長のこと、英語による講義や実のある学びができることに魅力を感じ、第1志望として受験しました。

**Q.英語の講義についてどう思うか?**

**A.語学は慣れ。英語は苦手だったけど、もう大丈夫**

英語は苦手だが、この先、少子化が続く日本では海外とのつながりをより一層強めていくことになる。その点から見ても、英語はしっかりマスターしなくてはと思っている。もちろん、最初は英語の講義に戸惑ったが、慣れれば大丈夫。語学は頭の良さではなく、慣れだと感じている。分からないときは調べたり、帰国生に聞いたり。英語の授業も非常に実用的で、社会で役に立ちそうです。

**Q.永守理事長はどんな存在?**

**A.有言実行力がすごい。理事長なら大学も変えられそう**

工学部新設の新聞記事を読んだ後に調べてみると、一代で会社をあれだけ大きくしたすごみのある経営者というイメージを持った。何よりも「有言実行力」がすごい。その信頼から、この大学も理事長の言う通りにすごい大学にしてくれるのではないか、と。真面目な方だと思ったら、入学式の訓示代わりのDVDでは「映画も見て学生生活を楽しんでください」とあり、人間味のある魅力的な方に感じました。

ました。それから46年間、非常に大きな成長を遂げ、今や世界で40カ国を超える国々で、３００社以上のグループ、10万人以上の従業員を抱える規模にまで成長、発展いたしました。

では、なぜその企業家が、この大学の運営に関与することになったのか。私は昨年春から、この大学の理事長を務めておりますが、これまで日本電産グループでは毎年、何百人という大学の新卒生を採用してきております。つまり、私は今までは大学生を採用する側にいたわけです。しかし、どんな一流大学出身者であっても、期待通りの人材が極めて少ない。今の大学は社会に役に立たない人間ばかりを出していると、強い怒りに近いものを持っておりました。

ですから、自分で大学を運営し、これが真の大学であると示そうと思ったのです。私は、今の大学は偏差値とブランド主義に固まってしまい、真の教育がなされていないと思っています。若いときから塾に通い、家庭教師を付けて、何はともあれ偏差値の高いところに行きたい、ブランドで有名な、誰もが知っている大学に行きたい、みんなそう思って、青春時代に、無駄とまでは言いませんが決して有意義とは思えない時間を過ごしていることが圧倒的に多いと感じています。

しかし、偏差値やブランドというものを重視している社会は、もう既に終わりがきており、世の中は実力社会になっています。しかしながら、大学を卒業して来ても英語が話せない。経営学部を出て企業の経理に配属されても、決算書すらつくれない。大学はそんな人材を世の中にどんどん出しているのです。私だけでなく、多くの企業家は、今の大学教育に大変失望しています。

この京都先端科学大学は、50年の歴史のあった京都学園大学の延長線ではありません。全く違う大学につくり直します。学長も代わり、学部長も代わり、もちろん理事長も代わりました。この大学をがらっと変えていこうと、そのように考えております。

我々企業家は、世の中に必要なものを研究・開発し、売れる物しかつくりません。市場が求めていないものをつくっても誰も買ってくれません。ところが今の大学は社会で役に立つ人材を育成できていません。たとえは良くありませんが、売れないものを無理やり企業に〝出荷〟しているように私は感じ、この偏差値教育、ブランド教育の打破を、強く世の中にアピールしているわけです。

そんなことができるのかと、世間から大変注目されていますが、海外に行けば、そのような大学はいっぱいあります。日本電産は世界にたくさんのグループ会社がありますが、アメリカの大学の卒業生は、入社してきた日からすぐに役に立ちます。技術系なら製品の設計もできます。日本の学生はできません。大学で何を学んできたのかということになるわけです。

世の中を見ても、偏差値や大学のブランドに関係なく成功している事例はいくらでもあります。地元（京都）の有名企業の創業者で、ブランド大学の出身でなくとも、成功した方はたくさんおられます。私が社会に出た頃は、立派な企業で出世したかったら、あるいは官庁に入って偉くなりたかったら、そういうブランド大学に入らなければいけない、という時代がありましたが、今はそういう企業は消え去ってきています。グローバル社会ですから、まさに実力主義です。出身大学にかかわらず、力のある人が上に上がっていくのです。

社会では（ブランド大学を出ているかどうかが関係ないことは）、もう実績として現れています。我が日本電産では創業以来、約７０００人の大学、大学院の卒業・修了生を採用しました。これは国内だけの数字で、海外を入れればもっと多く、何万人も採用しています。しかし、製品を開発する、研究する、営業する、いろいろな仕事がありますが、もし偏差値の高い大学、そしてブランド大学を出た人がそれぞれのトップに立っているならば、私はこの大学には全く関与しなかったはずです。実は偏差値は全く関係ないのです。

それなのに、なぜ今の若い方々は、偏差値の高い低い、有名だからなどの理由で大学を選んでしまうのでしょう。先生から、「君の偏差値ならこの大学へ行け」と言われ、自分が何をしたいのか、今からどういう人生を送りたいのかということは全く関係がなくなってしまっているからなのです。大学卒業時は、会社の内定をいくつももらって、何をしたいのか分からないまま社会に出てくる。だから（会社を）辞めていくんです。欧米に行ったら、そんなことをやっている国はありません。日本だけです。

皆さま方の中には、ここが第1志望でない限りは、どこか（別の大学）に合格できなかったという方もおられるでしょう。しかし、そんなことは何の関係もありません。今からの社会は、偏差値の高い、ブランドのある、そういう人材を求めているわけではないんです。現に変わっていますから。例えば、ある総合電機メーカーの歴代社長はずっと東大卒でしたが、今は地方大学の出身です。最近はどんどんそういうふうに変化してきているんです。

皆さん方はこれから人生100年（時代）、100歳まで生きられます。そのわずか一部のところで、偏差値などを付けられて、「自分は負け犬だ」と考えて社会に出ていく。そんなことは絶対にあってはならないと私は強く考え、この大学の経営に参画したわけであります。

私は企業経営において得た資産を、今この大学にどんどんつぎ込んでいます。もう既に100億円以上寄付をしました。これからも、さらに資産をつぎ込んで、有名ブランド大学ではなく、社会から一番求められる大学に変えていこうと考えています。

来年の4月には工学部を新設しますが、工学部の中では特にモータ研究の技術者を育てます。日本電産は世界最大のモーターメーカーでありますが、これからモータ産業はさらに発展します。今からクルマは全部ガソリン車ではなく電気自動車に変わっていきます。工場はロボット化していきます。物流はドローンが支えていく。これにはすべてモータが使われているんですよ。しかし、そのモータ技術を学べる大学がどこにもありません。地元の京都大学でも、20年前にモータ学科はなくなっています。だから私は一昨年、お金を出して京都大学に寄付講座をつくりました。

大学は一番必要な人材、社会に貢献できる人材を育てないで、いまだに古い学問を教えています。教授は教壇の上に立って、30年、50年前のノートを広げて、学生に教える。これが何の役に立つのでしょうか？　誤解のないように申し上げておきますが、この大学はノーベル賞を受賞するような人の育成ばかりを目指す大学ではありません。会社に入ったらすぐに英語が話せて、君、すまないけれど来月からアメリカに行ってくれるか、あるいはポーランドに行ってくれるかと言ったら、分かりました、と答えられる人材。そして、専門分野ではすごく戦力になる。会社に入ったらもうその日から、きちっと月給分働けますと。そういう人材を育成しようと考えているわけであります。

従って、過去50年やってきた京都学園大学とは全然違うのです。先生方も今からはそういう意欲的な方にどんどん変わっていくでしょう。昔の京都学園大学でのんびりやっていたら月給をもらえたと、そういう先生方では今、私が申し上げている改革はできません。

ですから、私ははっきり申し上げておきます。皆さんはいいときにこの大学に入りました。今年の志願者は、昨年に比べて40％増えました。一気にです。来年度はおそらくまた倍になります。毎年入試は難しくなります。おそらく今年合格された方でも、来年は不合格になる人がいます。それぐらい勢いのある大学です。

私は46年前に従業員3人と、自宅の納屋を改造して会社をつくったんです。競争相手である世界に冠たる会社、大企業と戦ってきたんです。そして全部戦いに勝ってきましたので、世界一になったわけです。ブランド主義なんて関係ありません。

今どき、いい大学を卒業していい企業に入れたとしても、そういう企業が一番リストラをやっているわけです。だいたいこの10年を見ると、リストラが一番多かったのは日本の大企業です。だから私はこの中でもぜひ、将来は起業しようと、自分で会社をつくろうと、そういう人がたくさん出てきていただいて、今から10年、あるいは20年先の日本をつくってほしいと思います。

偏差値のランキングでは、京都大学は抜けません。ただ、偏差値は全然関係ないですから。世界大学ランキングでは、抜く可能性があるんです。もう私、京都大学の総長に何遍も挑戦の言葉を送っています。ちょっと大ぼらすぎるんじゃないかと言われますが、私は46年前に4人で会社をつくって、今や世界一になっているんです。それも、中途半端な競争相手じゃありません。世界に冠たる企業と戦って勝ってきたんです。

ですから冒頭に申し上げたように、偏差値、ブランド主義、そんなものはもう忘れてください。私はあの大学を落ちたとか、そんなことは全く関係ありません。（もし、自分は負け犬だと）思う人は、卒業したら我が社に入ってください。今年もこの大学から5人を採用していますが、これからもっと増やしていきます。工学部ができたらさらに増やします。そして、偏差値とブランド主義は全く関係ないということを実証してもらう。いずれはこの立場が逆になって、あの大学は有名ブランド大学じゃないかと言われるときが来るかもしれませんが、それはそのときの話です（笑）。

今回、ここにいるのは京都先端科学大学の1期生の皆さんです。これは素晴らしいですよ。大学が生まれ変わって初めて入ったわけですから。まず皆さん方が4年後、卒業して社会に出る、あるいは大学院に行くとなった頃には、この大学は劇的に変わっています。私はこれをはっきりと証明していきます。

文部科学省の補助金だけで経営しようという考えは全くありません。私は自分の今まで積んできた資産を、惜しみなくこの大学につぎ込んでいきます。すべてがお金で解決はできませんが、やはり大学の施設改良、教職員の待遇改善にはお金をかけていきます。今までは、学生を集めるといっても、先生方が熱心にやってはくれなかった。しかし昨年は、全員とは言いませんが、3分の1くらいの先生が熱心にやってくれました。来年は3分の2、その次は全員がそうなってくれれば、（難易度が大きく上がって）もうそのときには皆さん方は入試で全員落ちてしまうかもしれません。私の友人が、目標は関関同立かと言いましたが、何を言っているんだと。京大を抜くと言っているじゃないかと返しています。

私は、京セラさんは既に大企業となり、まだ日本電産が小さかったときに、本社ビルをつくりました。京セラさんのビルは高さが95メートル。いずれ（規模で）抜きたいと考えて、こちらはビルの高さを先に100メートルにしておこうと思ったのです。そうしたところ、京都市が、100メートル以上は大文字が見えなくなるからダメだと言って、裁判になりました。結局100・6メートルのビルをつくったのですが、0・6メートルは何かというと、100年後に京都の地盤沈下が0・6メートルあると聞いたものですから、100・6にこだわったわけです。今でも京都で一番高いビルです。現在、京都市が条例をつくりましたので、もう高いビルは建てられません。このビルを壊すまでは、京都で一番高いビルです。

つまり、自分の夢、自分の職業観、理念、そういうものを大事にしなければいけないということです。最初から、18歳前後で、自分は負け犬だと思うのはおかしい。100年生きなきゃいけない人間が、なぜ10代で負け犬根性を出すんだと。

先日、卒業式でも言いました。もっと胸を張れと。世の中の成功している人を見てほしいと。昨年オリンピックで高木菜那という我が社の社員が金メダルを2個取りました。彼女の身長は155センチメートルです。（採用した当時は、）全然戦える選手じゃなかったんです。でも、8年間もう叱咤激励して、何と金メダルを2個です。

今の能力は問題にしていません、大事なのは努力です。皆さん方がやれることもあると思います。このように極めて運のいいときに京都先端科学大学の1期生に入れたことは、自分の運命を変える絶好の機会だということを自覚していただいて、今日から必死になって頑張ってほしい。そうすれば明るい未来が見えてきます。私たちもそう思ってずっとやってきました。だから、成功してきました。

この大学もぜひ成功させたい。それは、皆さん学生諸君の努力、先生方の熱意、職員のサポート、そしてご家族の理解、いろいろなものが必要になると思います。しかし条件は全部そろうと私は思います。ですから、今日の私の言葉を忘れないようにして、今日は輝かしい、いい日だったなと思ってください。他の大学を落ちて良かったなと、そう思ってください。負け犬根性が染み付いて、自分の人生はこうだと、99歳の人が言うなら別ですが、まだまだ18歳かそこそこの若い人が将来の希望を失ってはいけません。

こうやって話していますと、明日の朝まで続くんです（笑）。この入学式で、私の持ち時間は10分と言われていたんですが、既に大きく超過していますね。これからも、前田学長以下と、この学校の経営に力を尽くしていきます。私は資金援助をし、大学をどういう方向に持っていくかを伝えます。

偏差値主義、ブランド教育が日本の大学を崩壊させました。なぜ日本の大学は世界ランキングでどんどん落ちていくのか、世界ランキングで１００位まで入っているのは東京大学と京都大学だけです。一方で今、東南アジアの大学がどんどん上がってきています。世界ランキングで上がってきているのです。まず学生も先生も全員英語が話せるのは当たり前。今や、英語なんて運転免許みたいなものです。それが話せない。我々はそういう教育をきちんとやるので、社会で感じてほしい、そして我が母校の将来の地位を上げていただくような努力を、していただきたいと思います。

今日はまず、学長が大変高度な話をしました。しかし今の私の話は極めて単純です。この組み合わせがいいんです。今日は入学式が終わったら、家に帰って、実感してください。得るところが多かったなと。こんなことは知らなかったと。そう思って、今日はぐっすり寝て、いい夢を見ていただく。そしてお互いに、これから頑張っていこうじゃないかと思いましょう。今後も、理事長訓話などで話をさせていただく機会が何度もあると思いますが、ぜひこれからの人生が明るく、そして夢に溢れた素晴らしいものであることを願っています。

ご家族の方も、自分の子供がどこかの大学に落ちてしまった、などと考える必要はありません。すぐに頭を切り替えてください。今年だからこの大学に入れた、来年は受からないと考えた方がいいとはっきり言っておきます。それぐらい、この大学は今、人気が出てきているんです。人気が浸透するには数年かかると思いますが、そのときにはもう遅い。

本当に私は、今日を大変楽しみにしておりました。明後日4月5日は、ここで京都大学の入学式があります。京都大学より2日早かったわけです。我々の後を彼らが使う。そういうふうに思うんです。物事はすべてそういうふうに思って生きないといけない。だから来年も再来年も、早くここの場所を押さえておけよと言っています。

私はそういう人生だったんです。何だ、この中小企業は、と言われて。それで、そのうち見ていろよ！ と発奮しました。ご存じないかもしれませんが、日本電産の企業価値は日本でトップクラスです。だから、明るい未来を見てほしい。過去の暗いことはもう全部忘れてください。明るい未来を見て、お互いに力を合わせて、自分の人生を成功に導こうじゃないかと考えてほしいと思います。

一番に申し上げなければいけないところを、それより先に言いたいことがたくさんあって最後になりましたが、お忙しいところ多数のご来賓の方もお越しいただきまして、厚く御礼を申し上げます。これ以上やると後の予定に差し障りがありますので、理事長の祝辞はこれで終わらせていただきます。ぜひ頑張りましょう。

## おわりに

熱量は伝わる。思いは伝わる。永守氏と5人の改革実行者たちの取材を通じ、とてもシンプルですが大事なメッセージを受け取ったと感じています。

取材を始めた頃は、「偏差値至上主義やブランド信仰といった慣習を変えることは難しい」「大学組織を一般的な企業と同じように改革することはできない」といった声もあり、正直、私も半信半疑でした。だからこそ、カリスマ経営者の手腕がどこまで通用するのか、見てみたい、追ってみたいと、そう思いました。

ですが、取材を進めていくうちに、そんな邪推はどんどん薄れていきました。永守氏自身の決意に満ちた言葉はもちろん、改革をけん引する5人の実行者、そして本書の企画段階から意見を交わしている広報の田中紀子氏、それ以外にも話を聞いた誰もが、〝永守氏の分身〟かと思うほどの情熱、学生への愛情を持っていました。もちろん、改革は始まったばかり、結論を出すには時期尚早でしょう。しかし、学生を取材した際に、運営側である大人たちの本気は伝わっていると確信を持ちました。学生が変革し始めているのは、まさに運営する組織自体が変わったことの証しだと思います。

組織運営や人材育成には、さまざまな手法が提案され、時代に合わせて進化もしています。ですが、どんな手法も、変えようとする人間のやる気や熱量をどう組織内に伝播させていくかが、基本にあるはずです。いかに優れた手法でも、皆が同じ方向を向かなければ大きなうねりにはならない。永守氏は、愚直に、あきらめずに、熱い思いを伝え続けています。この本気、熱量の伝播こそ、永守イズムの強さだと感じました。永守氏の熱いメッセージを受け取って変革した学生を、企業や社会はどのように受け止めさらに育てるのか。〝永守改革1期生〟の学生が社会に出る4年後、上の世代も変革を迫られることになります。

コロナ禍の大変な状況の中、取材にご協力いただいた永守氏に加え、全面協力をいただいた京都先端科学大学の関係者の方々に感謝申し上げます。さらに、取材に同行し、改革実行者の声を丁寧に聞き出しまとめてくださったライターの若尾礼子さんのご尽力がなければ、この書籍は完成しなかったはずです。深くお礼を申し上げます。大学関係者だけでなく、ビジネスパーソンの皆さんのお手元に届き、熱意の人材育成が全国に広がり、そしてそのエネルギーを受け取った若者が日本と世界を救う。本書がその一助となれば幸いです。

日経クロストレンド編集部　森岡大地

## 参考文献

永守重信『人を動かす人になれ!』三笠書房、2019年
永守重信『[新装版]奇跡の人材育成法』PHP研究所、2008年
永守重信『情熱・熱意・執念の経営』PHP研究所、2005年

# 永守重信の人材革命

**実践力人材を育てる!**

2020年9月23日　第1版第1刷発行
2020年10月7日　第1版第2刷発行

編　集　日経トレンディ(森岡大地=日経クロストレンド)
編集協力　若尾礼子
発行者　杉本昭彦
発　行　日経BP
発　売　日経BPマーケティング
〒105-8308　東京都港区虎ノ門4-3-12
https://www.nikkeibp.co.jp/books/
装　丁　小口翔平+喜來詩織(tobufune)
制　作　關根和彦(QuomodoDESIGN)
写　真　水野浩志
印刷・製本　大日本印刷株式会社

本書の無断複写・複製(コピー等)は著作権法上の例外を除き、禁じられています。購入者以外の第三者による電子データ化及び電子書籍化は、私的利用を含め一切認められておりません。本書に関するお問い合わせ、ご連絡は下記にて承ります。
https://nkbp.jp/booksQA

ISBN978-4-296-10699-8
Printed in Japan
© Nikkei Business Publications,Inc. 2020